Miniaturgärten für
Balkon, Terrasse und Garten

Karl-Heinz Härtl / Robert Sulzberger

# Miniaturgärten für Balkon, Terrasse und Garten

Trog- und Miniaturgärten gestalten
Miniatur-Steingärten

AUGUSTUS

## Bunte Pflanzenvielfalt auf engstem Raum

## Tröge und andere Pflanzbehälter

## Pflanzung, Pflege und Gestaltung

## Bepflanzungsbeispiele

## Trockenheitsverträgliche Pflanzen für Minigärten

## Anhang

# Bunte Pflanzenvielfalt auf engstem Raum

In den Ballungsgebieten unseres Landes wird der Platz für Gartenflächen immer kleiner. Dabei sehnt sich der Mensch gerade in der Stadt nach dem Grün der weiten Landschaft, nach Bäumen, Sträuchern, Stauden und Flächen, die ihm ein Stück verlorener Natur zurückgeben. Daher wächst das Bestreben, auf kleinem Raum natürliche Landschaften nachzuahmen und anspruchsvoll zu gestalten.

Manchem Pflanzenfreund steht kein Beet zur Verfügung. Trotzdem gibt es verschiedene Möglichkeiten, Gebirgspflanzen auch auf kleinstem Raum blühen und gedeihen zu lassen: Tröge und andere, oft recht ausgefallene Pflanzgefäße erobern die Terrassen und Balkone. Auch Pflanzenfreunde mit noch geringeren Stellmöglichkeiten brauchen nicht auf ihre alpinen Lieblinge zu verzichten: Bepflanzte Kalksteine lassen selbst auf kleinstem Raum wunderschöne Mini-Landschaften entstehen.

Diese Lebensräume sind grob in zwei Arten zu unterteilen: Solche, die nur vorsichtig bewässert werden

*Schon ein kleiner bepflanzter Stein bildet die Heimat zahlreicher Pflanzenarten.*

und eher zum Austrocknen neigen, sowie feuchte Mini-gärten mit dauerhaft mehr oder weniger stehendem Wasser. Alles Wissenswerte über letztere finden Sie in dem Buch „Mini-Teiche für Balkon, Terrasse und Garten" von Valerie Oldag und Max Kirschner (Augustus Verlag).

Für die wasserarmen Behälter eignen sich in erster Linie Arten, die trockene Phasen gut überstehen – in erster Linie also Pflanzen des Steingartens. Es gibt auch noch andere Gruppen von Pflanzen, die sich für trockene Trogstandorte eignen; aber überwiegend prägen die oft sukkulenten alpinen Arten den Charakter solcher Pflanzungen.

Jeder Bergwanderer kennt den Lebensraum der Latschenkiefern, dieser kleinen, von Wind und Wetter gekrümmten Bäume, die sich eng an den Fels anschmiegen. Ihr reduziertes Wachstum erinnert an Bonsaibäume, doch es ist zugleich Ausdruck dafür, wie gut die Latschenkiefer an diese unwirtliche Alpenregion angepasst ist. Und dann die Farben der tausend Blüten: Das weit leuchtende Rot der Alpenrose (*Rhododendron ferrugineum*), die intensiv gelben Blüten der Gamsprimel (*Primula auricula*),

die Blautöne der verschiedenen Enzianarten schlagen uns in ihren Bann, ebenso wie all die anderen, traumhaft schönen Hochalpenpflanzen.

Die Vorteile der Troggärtnerei liegen in der langen, ja geradezu unbegrenzten Haltbarkeit des Gefäßes und in der leichten Pflege. Eine geschickt gestaltete Pflanzung bereitet viel Freude, umso mehr, als man die Pflanzen und ihre Mini-Landschaft im Trog bequem aus der Nähe betrachten und beobachten kann.

*In einer Schale entstehen alpine Miniatur-Landschaften.*

## Der richtige Standort für einen Mini-Garten

Tröge lassen sich wirkungsvoll in der Nähe des Hauseingangs oder neben Wegen platzieren, wo sie von vielen Menschen bewundert werden können. Besonders günstig sind Punkte, die ständig im Blickfeld des Betrachters liegen, zum Beispiel am Rand eines Sitzplatzes oder einer Terrasse.

Achten Sie aber darauf, dass keine größeren Laubgehölze in der Nähe stehen: Wegen des Blattfalls im Herbst sind Sie ständig gezwungen, das Laub zu beseitigen, denn schon unter einer 3 bis 4 cm dicken Laubschicht würden

wertvolle Kleinstauden schnell ersticken und faulen. Der Eintrag organischer Substanz erhöht außerdem den Nährstoffgehalt des Substrats. Das gilt auch, wenn einzelne Ziergehölze im Übermaß ihre Blütenblätter verlieren.

Im Übrigen gilt: Egal ob sonnig oder schattig, trocken oder feucht, warm oder kühl und zugig – für jeden Trogstandort gibt es auch eine passende Bepflanzung.

Die Nähe eines Wasser- und Stromanschlusses ist von Vorteil, wenn man in Trockenperioden die Pflanzung bewässern muss oder wenn man sie gar beleuchten will.

# Tröge und andere Pflanzbehälter

Kleinste Standorte für Trockenbiotope sind Schalen oder Tröge. Wenn der Miniatur-Garten im Freien überwintern soll, muss das Material ausreichend frostbeständig sein.

## Die gängigen Gefäße

Größere Schalen sind häufig aus unglasiertem, frostfestem **Ton** (Terrakotta) hergestellt. Einfache Tonschalen sind weniger geeignet, da sie unter Umständen dem Frost nicht standhalten. Natürlich kann man auch mehrere kleine Töpfe mit einzelnen Arten bepflanzen und miteinander kombinieren. Dies muss sich nicht darauf beschränken, die Gefäße einfach nur nebeneinander zu stellen: Es sieht zum Beispiel hübsch aus, wenn man kleinere Töpfe auf größere stellt und mit Stäben durch das Abzugsloch verbindet. Vor allem mit überhängenden Arten lassen sich solche Topfpyramiden eindrucksvoll gestalten. Sehr beliebt sind derzeit übrigens alte italienische Dachziegel, in deren Wölbung Pflanzen mit geringem Substratbedarf gedeihen.

Gefäße aus kunstvoll gestalteter, glasierter **Keramik** eignen sich besonders gut zum freien Aufstellen auf Balkon oder Terrasse. Bei ihnen kommt neben der Bepflanzung auch der Behälter selbst zur Wirkung. Im Winter müssen solche

*Mit etwas Fantasie werden alte Kanalrohre zu Pflanzbehältern.*

Gefäße meist ins Haus geholt werden, weil sie nicht frostfest sind.

**Betongefäße** sind im Allgemeinen sehr haltbar. Gartencenter bieten Gefäße aus gegossenem Beton in verschiedenen Formen an. Größere Konstruktionen eignen sich allerdings wegen ihres hohen Gewichts nur bedingt für den Balkon.

Pflanzgefäße aus **Torfbeton** ähneln äußerlich den Betongefäßen, sind aber etwas leichter. Durch die Beimischung von gesiebtem Torf und anderen organischen Materialien kann die Oberfläche in geringem Maße Feuchtigkeit speichern und wird bald von einer biologischen „Patina" überzogen. So entsteht in kurzer Zeit

*Die Erde in einem gewölbten Dachziegel reicht zum Gedeihen.*

*Mit Stauden und Zwerggehölzen bepflanzte Steintröge lassen sich dekorativ kombinieren.*

ein natürliches, dem Naturstein ähnliches Erscheinungsbild.

Gefäße aus **Kupfer**, **Eisen** oder **Zink** sollten mit einer Schutzschicht versehen sein. Wenn sie nämlich oxidieren, können pflanzenschädliche Substanzen in das Substrat geraten. Gegebenenfalls sollten solche Behältnisse mit einem unschädlichen Anstrich versehen werden.

Pflanzgefäße aus **Kunststoff** sind sehr haltbar und überstehen den Frost besser als

Töpfe aus den meisten anderen Materialien. Allerdings sind sie in der Regel nicht sehr hübsch.

Ästhetischer wirken Behälter aus pflanzenfreundlich imprägniertem **Holz**; die warmen Holztöne harmonieren besonders gut mit heideähnlichen Bepflanzungen. Das Naturmaterial Holz fügt sich außerdem in fast jede Umgebung sehr gut ein.

Holz ist jedoch leider nicht witterungsbeständig. Außen kann man es vorbeugend

mit einem Holzschutzmittel behandeln, das nach dem Ausdampfen für Pflanzen und Tiere unschädlich sein muss. Da der Boden bei Erdkontakt als Erstes verrottet, sollte man Holzgefäße auf eine 10 bis 20 cm starke Kiesschicht stellen.

Oft sieht man halbierte Fässer, die in verschiedenen Größen bei speziellen Händlern angeboten werden. Gebrauchte Holzfässer müssen vor der Bepflanzung sorgfältig gereinigt werden. Dazu wird das Innere mit heißem

*Ausgehöhlte Steine sind für viele alpine Kleinstauden ein ebenso attraktiver wie idealer Standort.*

Wasser und Kernseife ausgewaschen und mit klarem Wasser gründlich nachgespült.

Besonderen Charme hat ein bepflanzter alter **Steintrog**. Diese Tröge sind äußerst widerstandsfähig und passen harmonisch zu den verschiedensten Elementen. Auch kleinste Formate lassen sich wirkungsvoll bepflanzen.

In den 1960er Jahren kam es in der Landwirtschaft zu tiefgreifenden Veränderungen, in deren Folge beispielsweise auch die Stallungen umgebaut und modernisiert wurden. Für alte Futtertröge oder Viehtränken war kein Platz mehr, viele von ihnen wurden zerstört oder einfach weggeworfen. Eine große Zahl wechselte auch den Besitzer, denn besonders in den Ballungsgebieten der Städte herrschte starkes Interesse an alten bäuerlichen Gebrauchsgegenständen. Dort entwickelten sich ein nostalgischer Zeitgeschmack und eine ausgesprochene Begeisterung für alles Rustikale: Utensilien des ländlichen Raumes wie Wagenräder, Pferdegeschirre und Tröge wurden zur Dekoration von Stadtgärten umfunktioniert. Fliegende Händler erkannten die Zeichen der Zeit, kauften Tröge und Tränken in großen Mengen auf und boten sie auf Flohmärkten und in Antiquitätenhandlungen feil. Seither sind Steintröge rar und teuer. Bis zu sechs Mark werden pro Zentimeter Kantenlänge eines Steintroges verlangt. Da lohnt es sich, einen solchen Trog selbst herzustellen.

## Steine als Pflanzbehälter

Bei der Auswahl der Steine kann der Gartenbesitzer heute aus einem vielfältigen Angebot wählen. Die Betriebe des Garten- und Landschaftsbaus halten oft einen Vorrat an dekorativen Steinarten parat. Dem Gestalter setzt nur der eigene Geldbeutel Grenzen. Benötigt man jedoch eine größere Menge, ist es sinnvoller, bei der Auswahl Gestein aus der Umgebung zu bevorzugen.

Wichtig ist, dass in einer Anlage grundsätzlich nur eine Gesteinsart verwendet wird. Kombinationen verschiedener Gesteinsarten wie weißer Kalk und dunkler Schiefer in Verbindung mit runden rötlichen Granitfindlingen wirken unharmonisch.

Auf einer Urlaubsreise in den Alpenraum findet man hier und da in Bachläufen oder Schuttmoränen sehr schöne handliche Brocken, die sich bepflanzen lassen. Dennoch sei davor gewarnt, Steine einfach der Landschaft zu entnehmen und sie für eigene Zwecke zu verwenden: Zuerst sollten die Eigentumsverhältnisse der Liegenschaft abgeklärt werden. Sammeln Sie vor allem niemals Gestein in Naturschutzgebieten oder von Naturdenkmälern!

Beim Kauf von Steinrohlingen in Steinbrüchen und im Fachhandel ist es sinnvoll, auch gleich die Anlieferung an den vorgesehenen Ort zu vereinbaren.

## Unterscheidungs-merkmale der Gesteinsarten

Durch vulkanische Tätigkeit in der Frühzeit unserer Erde entstanden die sogenannten Magmatite oder Erstarrungs-gesteine. Wichtige Vertreter dieser Gruppe sind Basalt, Granit, Diabas und Mela-phyr. Diese Gesteinsarten finden in der naturnahen Steinanlage kaum Verwen-dung.

Durch Ablagerung verschie-dener Substanzen wurden die so genannten Sediment-gesteine ausgebildet. Typische Vertreter dieser Gruppe sind Sand- und Kalksteine. Vor allem durch Verwitterungsprozesse der vulkanischen Gesteinsarten bildeten sich die ersten Sedi-mente. Bei der Entstehung des Kalkgesteins spielten absterbende organische Substanzen eine zentrale Rolle. Eingelagerte Schnecken-

häuser und Muschelschalen liefern hierfür einen deut-lichen Beleg.
In natürlichen Steinanlagen finden Kalk- und Sandsteine am häufigsten Verwendung. Besonders verwitterte Brocken verschiedener Kalk-steinarten mit natürlichen Vertiefungen liefern ein-drucksvolle Bilder. Weil Kalk- und Sandstein besonders leicht zu verarbeiten sind, spricht der Fachmann auch von Weichgestein.

*Das Dach einer Müllbox lässt sich nachhaltig verschönern, wenn man dort eine eindrucksvolle Steingarten-Landschaft gestaltet.*

## Kalksteine

Neben Form und Farbe der Steine sind auch die chemische Beschaffenheit und der Säuregehalt von Bedeutung. Gerade alpine Stauden und Zwerggehölze haben häufig spezielle Ansprüche im Hinblick auf den pH-Wert des umgebenden Gesteins. Pflanzensammler, die auf eine Themenpflanzung Wert legen – zum Beispiel Pflanzengesellschaften der Nördlichen oder Südlichen Kalkalpen –, müssen zwangsläufig zu basischen Gesteinsarten, also einer Form von Kalkgestein greifen. Die Gruppe der Alpinen, die in Bezug auf Substrat und den umgebenden Stein einen sauren pH-Wert beanspruchen, wächst am Naturstandort meist auf silikatischen Urgesteinen. Wer solche Pflanzen in seiner Anlage kultivieren will, greift auf Urgestein wie Granit und Melaphyr oder metamorphes Hartgestein wie Gneis oder Granit zurück. Travertin, ein poröses Kalkgestein aus dem Raum Stuttgart, hat eine lebhafte Färbung, die von Braun über Ocker bis Gelb reicht. Je nach Schichtung und Struktur schwankt seine Belastbarkeit und Haltbarkeit. Mauersteine aus Travertin sind exzellente Tragstein-Rohlinge.

*In alten Steinbrüchen kann man günstiges Material finden.*

Wegen seiner hervorragenden Bearbeitungseigenschaften und des sehr geringen Gewichts gehört der weiße bis gelbliche Kalktuff ebenfalls zu den wertvollsten Rohlingen für die Herstellung von Trögen. Kalktuff sollte aufgrund der bestehenden Gesetze nicht der freien Natur entnommen werden, da solche Standorte selten sind und häufig einzigartige Tier- und Pflanzengesellschaften beherbergen.

Kalksandsteine sind recht anfällig gegen Umwelteinflüsse, ihre Oberfläche altert rasch unter der Einwirkung von Frost und Feuchtigkeit. Verwendet werden sie hauptsächlich für Mauern und Einfassungen.

## Vom Rohling zum Steintrog

Grundsätzlich sollte man für die Anfertigung eines Steintrogs nur Weichgesteine wie Kalk- oder Kalksandstein sowie Sandsteine auswählen. Hartgesteine sind nicht geeignet, da sie sich nur unter großem Kraftaufwand bearbeiten lassen. Je nach Region stehen Weichgesteine unterschiedlicher Art zur Verfügung. In Norddeutschland dominieren Tröge aus verschiedenfarbigen Sandsteinen. In Nordhessen, Südniedersachsen und Ostwestfalen ist Roter Wesersandstein weit verbreitet.

Travertin und Kalktuff sind besonders wertvoll, weil diese Materialien hervorragend

Wasser speichern können. Der weit verbreitete Weiße Travertin stammt überwiegend aus Thüringen. In kalkreichen Gebieten südlich des Mains kann man im Randbereich von Bächen Kalktuff finden. Diese Steine sind jedoch rar und wertvoll und unterliegen einem gesetzlichen Sammelverbot, sobald ihre Kantenlänge 30 cm überschreitet. In Steinbrüchen wird er legal abgebaut. Kalktuff ist weich und porös und aufgrund seiner Seltenheit recht teuer.

## Die Beschaffung des Steins

Beim Abriss alter Scheunen und Mauern oder bei Baumaßnahmen im öffentlichen Bereich (Straßenbau, Brückenbau) fällt häufig Steinmaterial an, das zur Herstellung von Trögen geeignet ist. Es lohnt sich, bei Bauämtern, Bauhöfen von Gemeinden, Städtischen Garten- und Grünflächenämtern oder Hoch- und Tiefbauämtern nachzufragen.
Auch Baufirmen und Abbruchunternehmen unterhalten oft Lagerbestände. Durchschnittlich muss man für einen rechteckigen Stein mit 60 cm Länge, 40 cm Breite und 35 cm Tiefe etwa 12 bis 25 Mark anlegen.

Ideal für einen Trog sind Mauersteine mit rechteckiger oder quadratischer Grundform. Runde oder vieleckige Steinformen wirken ausgefallener und können zu eindrucksvollen Unikaten gestaltet werden. Bevorzugen Sie Steine, die bereits an zwei Seiten glatte Oberflächen aufweisen; sie sind von vornherein alten Trögen am ähnlichsten. Viele Fundament- und Mauersteine sind schon vorgeformt und für unsere Zwecke geeignet.
Die Höhe eines Steins ist entscheidend für die spätere Bepflanzung. Soll ein Trog nach Fertigstellung Laub- und Nadelgehölze aufnehmen, so muss ein Wurzelraum von mindestens 20 bis 25 cm Tiefe aus dem Stein herausgearbeitet werden. 5 cm reichen aus, wenn man keine Pflanzen mit hohem Dränageanspruch verwendet.
Das Verhältnis zwischen den Wandstärken und der eigentlichen Pflanzfläche spiegelt die Stabilität des Trogs wider. Die Pflanzfläche sollte möglichst zwei Drittel bis drei Viertel der Grundfläche ausmachen, die Wandstärken betragen folglich je ein Sechstel bis ein Achtel von Breite und Länge. Maße von 10 bis 15 cm Breite und Länge für die Pflanzfläche sollten

nicht unterschritten werden Steine mit einer Kantenlänge bis 20 cm sind daher gerade noch zur Herstellung eines Trogs geeignet. Kleinere Formate eignen sich bei gleichmäßiger Form hervorragend als Sockel für größere Tröge.
Dachgärten, Balkone, Freisitzflächen oder Terrassen sind oft nur über enge Treppen und Türen zu erreichen. Damit man die Tröge dorthin transportieren kann, sollten sie im leeren Zustand von zwei bis drei Personen zu tragen sein; das entspricht einem Gewicht zwischen 80 und 150 kg. Diese Obergrenze wird bei den meisten Gesteinsarten schon bei 50 cm Länge sowie 40 cm Breite und Höhe erreicht.
Wichtige Voraussetzung für die Nutzung als Trog ist außerdem die Unversehrtheit des Steins: Blöcke mit Rissen eignen sich nicht zur Bearbeitung, da sie in der Regel während des Behauens in mehrere Einzelstücke zerspringen. Durch vorsichtigen, stoßfreien Transport von der Lagerstelle zum Arbeitsplatz wird das Risiko einer Beschädigung stark verringert, und einer erfolgreichen Trogherstellung steht nichts mehr im Wege.

*Ein stabiler Tisch dient als Arbeitsplatz und ermöglicht es, aufrecht stehend zu arbeiten.*

## Arbeitsplatz und Werkzeug

Als Arbeitsstelle für die Steinbearbeitung eignen sich Garageneinfahrten und überdachte Plätze im Garten. Unter einem Dach lässt sich auch bei Regen arbeiten. Wählen Sie Ihren Arbeitsplatz so aus, dass zu Glasscheiben und geparkten Kraftfahrzeugen ein Sicherheitsabstand von 10 bis 15 m bleibt, damit umher fliegende Steinsplitter keinen Schaden anrichten können. Andernfalls sollten Sie Glasflächen zur Sicherheit zwei- bis dreilagig mit Folie abdecken. Vorsichtshalber kann auch die Umgebung mit Abdeckfolien vor Staub und kleine-

## Der Transport

Kleinere Steine von weniger als 50 cm Kantenlänge können noch im Kofferraum eines Personenwagens transportiert werden, der mit alten Wolldecken ausgelegt wird. Größere Steinblöcke dagegen sollte man grundsätzlich nur mit Anhänger transportieren. Bauunternehmen bieten hierfür ihre Dienste an.

Mit Hilfe von Hebelstangen und Rundhölzern kann auch ein größerer Stein rückenfreundlich und kräfteschonend bewegt werden. Durch Unterlegen von Holzkeilen wird der Steinblock vor dem Kippen gesichert. Für den Transport über Treppen

und durch Wohnungen verwendet man am besten Sackkarren oder einen Trageriemen.

*Die Fläche, die ausgehöhlt werden soll, wird zu Beginn mit Kreide markiert.*

ren Steinteilchen geschützt werden.

Damit Sie aufrecht arbeiten können, ist ein stabiler Tisch zwischen 60 und 70 cm Höhe sinnvoll. Zur Not behelfen Sie sich mit Unterstellböcken und starken Holzbohlen als Auflage. Ab 50 cm Kantenlänge und mehr jedoch muss die Arbeitsfläche wohl auf dem Erdboden eingerichtet werden. Man bedeckt sie etwa 5 cm hoch mit Sand und bettet den Stein in dieser Schüttung ein; das Sandbett fängt den harten Widerschlag beim Ausarbeiten der Höhlung auf.

Natürlich ist der Bau eines Steintrogs kein Kinderspiel; er erfordert genaue Vorplanung. Der Zeitbedarf richtet sich nach der Größe des Steins und der Härte des Materials. Ein 60 cm langer, 40 cm breiter und 20 cm tief ausgearbeiteter Trog erfordert etwa vier bis sechs Stunden Arbeit. Arbeitsschuhe, am besten mit Stahlkappen, Arbeitshandschuhe und Sicherheitsbrille gehören ebenso zur notwendigen Ausstattung wie einwandfreies Arbeitsgerät.

Als Werkzeuge legen wir zwei Fäustel (Hammergewicht 1000 bis 1500 g), mehrere Schlagmeißel unterschiedlicher Breite und einen Spitzmeißel parat. Je schärfer die

Meißeltrennfläche ist, desto leichter geht die Steinbearbeitung von der Hand. Heimwerkerqualität reicht völlig aus bei der Wahl des Werkzeugs. Steinbohrer mit Widiaspitze sind geringfügig teurer, erleichtern das Bohren aber wesentlich.

## Das Aushöhlen des Steins

Mit Ölkreide markieren Sie die Fläche, die herausgearbeitet werden soll. Die verbleibenden Teile bilden die vier Wände. Die Wandstärke sollte mindestens 6 bis 8 cm betragen. Diese großzügigen Abmessungen gehen von der späteren Pflanzfläche ab, doch sind solche Tröge beim Behauen wesentlich robuster als dünnwandige. Dies gilt besonders für brüchige Kalksteine, die erfahrungsgemäß leicht ausbrechen. Die ausgehöhlte Fläche sollte eine mittlere Tiefe von mindestens 10 bis 20 cm aufweisen.

Mit einer Heimwerker-Schlagbohrmaschine bohren Sie nun mit einem 10-mm-Stein-

bohrer im Abstand von 2 bis 3 cm Löcher von 5 bis 6 cm Tiefe entlang der Ölkreidelinie. Durch diese Linie wird die Kante zwischen den Trogwänden und der auszuhöhlenden Fläche perforiert.

Entfernen Sie den Steinstaub am Bohrmaschinenfutter ständig, und kehren Sie Staubkrater am Bohrlochrand mit einem Handbesen ab. Damit die Bohrmaschine nicht überlastet wird, sollten Sie ihr und sich selbst von Zeit zu Zeit eine Abkühlphase gönnen. Nachdem die gesamte Kante sauber angebohrt ist, können Sie mit

*Die Randkanten werden mit einem Flachmeißel vorsichtig angeschlagen.*

*Während der Arbeit ist es wichtig, dass man den Meißel immer vom Rand zur Mitte führt.*

einem breiten Flachmeißel in senkrechter Haltung von Loch zu Loch eine geschlossene Furche hauen. Die Furchentiefe sollte 5 mm betragen. Sie muss anschließend mit einem schmäleren, etwa 10 bis 12 mm breiten Flachmeißel auf 1 bis 2 cm vertieft werden. Die vorhandenen Bohrlöcher erleichtern diese Arbeit wesentlich.

*Der innere Bereich lässt sich vorsichtig vom Rand her ausstemmen.*

Wenn die Furche etwa 3 cm tief ist, schlagen Sie mit dem Spitzmeißel von den vier Ecken her zur Mitte eine Vertiefung. Dabei lösen sich bereits größere Steinstücke ab. Nach etwa einstündiger Arbeit erkennt man bereits deutlich die beabsichtigte Vertiefung. Von den Seiten her arbeiten Sie jetzt mit dem Spitzmeißel immer größere Steinteile aus.

### Tipp

Der Meißel darf nie gegen die Wandung geführt werden! Durch leichtes Anwinkeln arbeiten Sie mit jedem Schlag zur Trogmitte hin.

Wer in diesem Arbeitsabschnitt Kräfte sparen will, kann erneut mit der Bohrmaschine zur Steinmitte hin im Abstand von 1 bis 2 cm dicht an dicht jeweils 5 bis 8 cm tiefe Löcher bohren, die dann mit dem Spitzmeißel kraterartig vertieft werden. Dabei ist zu berücksichtigen, dass die Wandung nach unten hin stärker werden darf, was die Stabilität des Troges erhöht. Liegt die Wandstärke an der Trogoberfläche bei 6 cm, so sollte sie in 5 cm Tiefe bereits 7 cm betragen. Wenn wir bei der Ausarbeitung auf die Endtiefe der

Bohrlöcher vorgedrungen sind, werden die Flächen ausgekehrt und die Wände mit dem Preller geglättet. Der Preller muss dabei immer spitzwinklig in Richtung der Innenseite geführt werden, nie vom Innenraum gegen die Wand.

Wenn Sie über einen schlagregelbaren Meißelbohrhammer verfügen, so können Sie auch im „Spargang" mit schwachen Meißelschlägen den Trog schnell auf 20 cm Tiefe aushöhlen. Viele Baumärkte und Baustoffhandlungen verleihen solche Meißelbohrhämmer mit Zubehör gegen Entgelt. Die Handarbeit mit Fäustel und Meißel nimmt wesentlich mehr Zeit in Anspruch, der Trog wird dabei aber geschont: Maschinell gefertigte Trogrohlinge gehen allzu oft kurz vor der Fertigstellung noch zu Bruch! Notfalls lassen sich gebrochene Teile mit einem Zweikomponentenkleber oder Fliesenkleber für Außenfliesung (Frostfestigkeit!) zusammensetzen.

Nach Abschluss der Grobarbeiten gleichen Sie noch einmal die Unebenheiten auf der Innenseite mit dem schmalen Flachmeißel aus. Gute Dienste bei dieser Arbeit leistet der Setzer, ein etwa 5 mm breiter Meißel mit kantig abgeschrägter Bahn, angetrieben von einem Klöpfel. Vielleicht findet sich in Ihrer Werkzeugkiste ein flacher Fliesenmeißel – der eignet sich nämlich auch sehr gut.

## Wasserabzugslöcher

Wenn Sie den Pflanztrog nicht als Wasserbecken nutzen wollen, müssen Sie für ungehinderten Wasserablauf sorgen. Stellen Sie dazu den Trog auf und markieren auf der Oberfläche die tiefsten Stellen. Mit einem ausreichend langen Steinbohrer, der eine Stärke von 15 bis 18 mm haben sollte, durchbohren Sie den Trogboden mit leichtem Druck von der Unterseite her.

Im Abstand von 2 bis 3 cm werden je Wasserabzug drei Löcher gebohrt. Die verbliebenen Zwischenräume zwischen den drei Bohrlöchern werden im Anschluss mit einem Spitz- oder Flachmeißel ausgestemmt. Bei einer Troglänge von 60 cm sind mindestens zwei Wasserabzüge nötig.

Das fertige Werkstück spritzen Sie mit dem Wasserschlauch ab und spülen es aus, um die letzten Steinsplitter und Staubteile zu entfernen. Zerkleinerte Steinsplitter und Staub können

*Das Wasserabzugsloch wird von unten angebohrt.*

Sie dem Komposthaufen beimischen.

Die Freude über einen Trog aus eigener Hand ist unbeschreiblich – jeder Stein wird zu einem Unikat, zu dem der „Troghauer" eine enge Bindung entwickelt. Außerdem lernt man, den Trog als ein Kunstwerk vergangener Epochen zu begreifen, geformt von Handwerkern, die den Stein ohne Hilfe des elektrischen Stroms bearbeitet haben.

# Pflanzung, Pflege und Gestaltung

Auf den folgenden Seiten finden Sie Hinweise und Ratschläge zum richtige Umgang mit Pflanzen und zur Vorbereitung von Pflanzgefäßen.

## Die Bepflanzung von Gefäßen

Wie bereits geschildert, gibt es zahlreiche Möglichkeiten, unterschiedlichste Gefäße zur Bepflanzung zu verwenden. Wichtig ist nur, dass die Größenverhältnisse stimmen und den Pflanzen das nötige Substrat für ein optimales Gedeihen geboten wird.

## Das richtige Substrat

Erden für Steingartenpflanzen müssen locker und gut wasserdurchlässig sein. Durch Zugabe kalkhaltiger Beischlagstoffe lassen sich basische Erden herstellen. Feiner Kalksteingrus (Korngröße 2 bis 8 mm) ist preisgünstig und zur Beimischung gut geeignet. Unkrautfreier, ausgereifter Gartenkompost oder kompostierte Rasenerde kann zu gleichen Teilen mit alkalischem Sand oder Kies vermengt werden. Anstelle von Kompost verwenden Profigärtner häufig auch Einheitserde, Typ P.

Günstige Eigenschaften ergeben sich bei der Mischung von Gartenerde, Splitt und Kompost oder Einheitserde im Verhältnis 3:2:1. Damit diese Substratzusammensetzung besonders im Sommer nicht zu schnell austrocknet, wird der Mischung noch Vermiculite beigemengt. Eine Beimischung von Styroporflocken verringert das Gewicht des Substrats und wirkt förderlich auf seinen Lufthaushalt. Das Substrat sollte einen pH-Wert zwischen 7 und 8,5 aufweisen, sich also im neutralen bis schwach alkalischen Bereich befinden.

Erden und Substrate für Pflanzen, die **saure Standorte** benötigen, werden aus Mischungen von Gartenerde, Torf oder Rindenhumus, Quarzsand und speziellen Nadelkomposten hergestellt. Ein ideales Mischverhältnis der vier Bestandteile liegt bei 2:2:1:1. Torfhaltigen Substraten kann Bentonit zugesetzt werden. Das Gesteinsmehl besteht aus fein vermahlenen Tonmineralen, die für die Verfügbarkeit der Nährstoffe eine wichtige Rolle spielen. Der pH-Wert sollte am besten zwischen 5 und 6 liegen. Die fertigen Erdmischungen werden zwischen die Steine gefüllt und leicht angedrückt.

Etwa ein Viertel der Trogtiefe sollte für die Dränageschicht vorgesehen werden. Als Material eignen sich Kies verschiedener Korngrößen, Blähton, Bimskies oder auch gröbere Steinscherben, die bei der Trogherstellung angefallen sind. Soll der Trog mit Pflanzen ausgestattet werden, die besondere Anforderungen an den pH-Wert des Substrats stellen, dann müssen Sie schon bei der Auswahl des Dränagematerials darauf achten. Für kalkliebende Pflanzungen wird Kalkschotter oder basischer Kies verwendet, für Pflanzungen mit eher sauren Substratansprüchen Quarzkies oder Granitschotter. Das Gewicht der Dränageschicht belastet den Boden eines großen Trogs unter Umständen enorm. Um das Gewicht zu verringern, kann man geflockte Styroporkugeln beimengen.

Wenn die Gefäße besonders empfindliche Arten beherbergen sollen, können Sie die Seitenwände innen mit Styroporplatten auskleiden. Ideal sind Streifen von 1 bis 2 cm Stärke. Sie müssen jedoch niedriger sein als die Innenwände des Gefäßes, denn die Isolierung sollte unsichtbar bleiben.

*In den wenigen spezialisierten Gärtnereien ist die Pflanzenauswahl riesig.*

## Auswahl und Beschaffung der Pflanzen

Auf Bergwanderungen sind die Farben- und Formenvielfalt der verschiedenen Alpenpflanzen immer wieder beeindruckend. Seien wir ehrlich: Wer möchte nicht gerne diese Alpenflora nach Hause in seinen Garten mitnehmen – als dauerhaftes Andenken an die fantastische Landschaft des Hochgebirges? Glücklicherweise sind die schönen Alpenpflanzen zum überwiegenden Teil gesetzlich geschützt. Außer-

dem ist es wenig sinnvoll, diese Pflanzen am Naturstandort auszugraben – nicht nur, weil es in der Regel verboten ist: Die meisten Ansiedlungsversuche im eigenen Garten, in der Steinanlage oder im Balkonkasten scheitern kläglich. Einer der Gründe: Durch die Symbiose mit Wurzelpilzen herrschen an den Waldstandorten andere Lebensbedingungen als im Garten. Belassen wir also die wunderbaren Wildstauden an ihren natürlichen Standorten, damit sich auch noch andere Bergwanderer nach uns an ihnen erfreuen können.

Der Bergblumenfreund hat heute die Möglichkeit, sich auch zu Hause in den Städten des flachen Landes an den Gebirgspflanzen zu erfreuen und sie dauerhaft zu kultivieren. Zahlreiche Staudengärtnereien bieten ein breites Spektrum von alpinen Polsterstauden und Zwerggehölzen an.

Natürlich gibt es attraktive Sumpf- und Wasserpflanzen, die in einem Trog ohne Wasserablauf gedeihen. Wir haben in diesem Buch jedoch die Auswahl auf Pflanzen trockener Standorte beschränkt. Am besten

19

*Das Abzugsloch wird mit Scherben abgedeckt.*

kommen die bereits angesprochenen Steingartenpflanzen aus alpinen Regionen mit solchen Bedingungen

*Für Steinanlagen ist mageres Substrat ausreichend.*

zurecht. Natürlich gibt es auch Pflanzen aus anderen Bereichen. Wüstenbewohner wurden nicht berücksichtigt, weil sie unsere Winter nicht überstehen und eher zu den Zimmerpflanzen zählen. Dennoch gibt es frostharte Steppenbewohner oder trockenheitsverträgliche Kräuter, die für unsere Zwecke ebenfalls in Frage kommen.

Innerhalb dieses Spektrums orientiert sich der Gestalter in erster Linie an der Blühfreudigkeit der einzelnen Arten. Besonders schön wirken Tröge, deren Blütenflor bereits im zeitigen Frühjahr beginnt und sich dann in Abstufungen über den Sommer bis in den Herbst hinein erstreckt. Außerdem sollten Sie stets auf die Wüchsigkeit achten, um zu vermeiden, dass einzelne Arten andere mit der Zeit verdrängen.

Ein besonderer Effekt lässt sich erzielen, wenn man die geografische Herkunft der Pflanzen berücksichtigt und entsprechende Arten im Trog vergesellschaftet. So kann man jedem Trog eine Pflanzengruppe zuordnen, zum Beispiel die Dolomitenflora, die Ötztaler Flora, Pflanzen der Nördlichen Kalkalpen oder die Flora des Monte Baldo. Der Eindruck

dieser Pflanzungen kann noch dadurch betont werden, dass Sie zur Ausschmückung der Tröge Steine dieser Gebiete verwenden. Hier trennen sich dann auch die beiden Gruppen der kalkholden und der säureliebenden Arten deutlich voneinander ab.

Ebenso sollten Sie auf die richtige Wahl des Troges achten: Pflanzen der Nördlichen und Südlichen Kalkalpen werden in Kalkstein-, solche aus den Urgesteinsgebieten der Zentralalpen in Sandstein- oder Granittröge gesetzt.

## Pflanzung ins Gefäß

Die günstigste Pflanzzeit liegt im Frühjahr zwischen Anfang März und Anfang Juni, auch Pflanzungen von Ende August bis Anfang November sind gut möglich. Durch die Einführung der Containerkultur bei Stauden und Gehölzen kann allerdings heute mit Ausnahme der Hartfrostphasen das ganze Jahr über ohne Gefahr gepflanzt werden.

Über die Abzugslöcher legen Sie größere Kieselsteine oder Tonscherben, damit sie nicht verstopft werden und so Staunässe entsteht. Den Untergrund füllen Sie außerdem etwa 5 cm hoch mit einer Dränageschicht, die den Wasserablauf zusätzlich sichert.

Wenn das Substrat eingefüllt ist und die großen Steine ihren Platz im Trog gefunden haben, können Sie mit der Bepflanzung beginnen. Durch Auslegen der Pflanzen im Gefäß oder am Stein lässt sich im voraus die optische Wirkung erkennen; eventuell können Sie noch in Ruhe Pflanzen umgruppieren. Der Fantasie des Gestalters sind praktisch keine Grenzen gesetzt, wenn er nur von Anfang an die vergesellschafteten Pflanzen nach gemeinsamen Standortansprüchen ausgesucht hat.

## Tipp

Besonders interessant kann es wirken, wenn Laub- und Nadelgehölze nicht völlig waagrecht, sondern leicht schräg eingepflanzt werden. Dadurch entstehen am ehesten natürliche Bilder von windgepeitschten Zwerggehölzen, wie sie in den rauen Zonen der Gebirge ihr Leben fristen. Die Neigungsrichtung aller Gehölze in einem Trog muss wie am Naturstandort in ein und dieselbe Richtung weisen: Im Gebirge werden die Bäume durch die vorherrschende Windrichtung geformt.

Zuerst sollten immer die **Zwerggehölze** gepflanzt werden, weil sie dem Kleinstandort eine dominante Prägung geben. Grundsätzlich sollten Sie nur gut durchwurzelte Gehölze aus möglichst kleinen Containern verwenden.

Eventuell vorhandene Wurzelunkräuter, Unkrautrhizome und die vermooste Substratoberfläche müssen Sie beim Austopfen sorgfältig entfernen. Ansonsten erweisen sich die Wurzelballen als „Trojanische Pferde", die Ihre neue Anlage mit Unkräutern infizieren. Hat ein Rhizomunkraut im Trog erst einmal Fuß gefasst, bleibt häufig nichts anderes übrig, als den gesamten Trog zu leeren, das Substrat zu erneuern und den Trog wieder neu zu bepflanzen.

Die Ballen müssen zur Pflanzung gut durchfeuchtet sein. Dazu werden sie so lange in ein Gefäß mit Wasser getaucht, bis keine Luftblasen mehr aufsteigen. Trockene Wurzelballen führen in den häufigsten Fällen zu Kümmerwuchs und schon kurze Zeit nach dem Einsetzen zum Tod der Pflanzen.

Mit der Hand oder der Pflanzschaufel formen Sie dann das Pflanzloch. Da hinein wird der Ballen gesenkt und fest an das Substrat ange-

*Mit der Hand wird der Wurzelballen eingesetzt und angedrückt.*

drückt. Lose Wurzeln sind nach Möglichkeit so einzusetzen, dass sie nicht umknicken.

Nachdem die Gehölze dem Trog ein optisches Gerüst verliehen haben, beginnen Sie mit der Pflanzung von **Zwiebel- und Knollenpflanzen**. Ausreichend tief gelegte Zwiebeln und Knollen können zu dauerhaften Trogbewohnern werden, die von Jahr zu Jahr wieder blühen. Mit Stecketiketten aus Kunststoff markieren wir die Standorte; zur Sicherheit können Sie die Arten noch in einer Pflanzskizze notieren.

Erst danach kommen die kleinen **Stauden** an die Reihe. Sie werden mit Hilfe von

*Ein fertig bepflanzter Trog sieht bald eingewachsen aus.*

das lockere Substrat gesetzt hat, kann eine mineralische Mulchschicht auf die Oberfläche aufgebracht werden (siehe auch Seite 27). Sie hindert Samenunkräuter am Keimen.

Wer die Pflanzen zu jeder Zeit identifizieren möchte, sollte sie kennzeichnen. Es empfiehlt sich, dazu möglichst unauffällige Etiketten zu wählen, damit nicht der Eindruck einer Lehrpflanzung im botanischen Garten entsteht. Stecketiketten sollten neben dem Pflanzenpolster immer in eine Richtung und so tief in die Erde gesteckt werden, dass sie nicht sichtbar sind, doch bei Bedarf leicht hochgezogen und abgelesen werden können.

## Kalksteine bepflanzen

Kalksteine, die man mit Polsterstauden und Zwerggehölzen bepflanzen möchte, sollten ein relativ geringes Eigengewicht haben. Kalktuffstein ist dazu am besten geeignet. Leider ist Kalktuff in Deutschland selten anzutreffen; nur einige wenige Firmen führen ihn im Sortiment. In den Fundamentmauern von Gebäuden wurden früher häufig Kalktuffsteine verwendet, die

Pflanzholz und Fingern in die vorgesehenen Standorte gesetzt und fest mit dem Substrat verbunden. Als Ersatz für ein Pflanzholz kann eine ausgediente Kuchengabel benutzt werden – egal ob zur Schaffung des Pflanzlochs oder zur Lockerung des Substrats.

Schließlich wird die Pflanzung mit einer feinen Brause angegossen. Bei sommerlicher Witterung sollte man diese Prozedur in den ersten vier bis sechs Wochen mehrmals täglich wiederholen.

Nachdem der Trog das Wasser aufgesogen und sich

man nach dem Abbruch der Häuser bisweilen erwerben kann. Besonders sei auf Kalksteinbrüche hingewiesen, in deren Altlagerstätten man gelegentlich Haufen von Bruchsteinen findet. Je nach Alter und äußerem Zustand des Steins kann die Oberfläche mehr oder weniger zerklüftet und durchlöchert sein. Eine Kantenlänge von 30 bis 70 cm ist ideal; der Stein ist dann nicht allzu schwer und kann gut transportiert werden.

Bedingt dadurch, dass die meisten Kalksteine stets Kalk (kohlensauren Kalk – CaCO₃) an das Substrat abgeben, kommen auf einer solchen Unterlage nur kalkliebende Pflanzen in Frage. Alpine Zwergstauden und Gehölze aus Urgesteinsgebieten, die unbedingt eine saure Bodenreaktion benötigen, sollten besser auf chemisch neutral reagierenden Lavasteinen oder ähnlichem Material kultiviert werden.

## Vorbereitung des Steins

In der Regel reichen die natürlichen Vertiefungen im Stein nicht aus, um ihn dauerhaft zu bepflanzen. Mit Hammer und Meißel sowie einer Schlagbohrmaschine mit einem Steinbohrer bis 20 mm Durch-

*Mit einer Schlagbohrmaschine werden die Pflanzlöcher in den Travertinstein gebohrt.*

messer lassen sich Vertiefungen schaffen, die das Bepflanzen ermöglichen. Für Polsterstauden müssen die Löcher etwa 8 cm tief und 5 bis 7 cm breit sein;

für Zwerggehölze sollten die Löcher etwa die Größe des Ballenumfangs aufweisen und 15 bis 20 cm tief sein. Danach wird der Stein mit einem Gartenschlauch

*Mit Hilfe eines Holzstäbchens lassen sich die Ballen in die schmalen Pflanzlöcher einführen.*

*Die kleinen Stauden können mit Moos und Steinchen vorsichtig in ihren Höhlen befestigt werden.*

gründlich ausgespült. Dabei ist darauf zu achten, dass Kalkstaubreste und feine Gesteinspartikel vollständig aus den Pflanzlöchern ausgewaschen werden, weil es sonst im Wurzelbereich zu Kalkverätzungen an den frisch gepflanzten Stauden oder Gehölzen kommt. Je nach Größe des Steins ist es sinnvoll, ihn vor dem eigentlichen Bepflanzen zwölf Stunden zu wässern. Alte Beton- und Mörtelwannen leisten hierbei gute Dienste. Durch das Aufsteigen von Luftblasen erkennt man, wie begierig sich der Stein mit Wasser sättigt. Nach dem Wässern ist der Stein deutlich schwerer als zuvor.

## Der Pflanzvorgang

Das Pflanzloch sollten Sie zur Vorbereitung mit einer etwa 2 cm starken Dränageschicht aus Fluss- oder Bimskies füllen. Inzwischen wird das Substrat in einem Eimer mit Wasser benässt, bis eine breiige Masse entsteht. Es empfiehlt sich, zusätzlich Sumpfmoos-Fasern beizumischen, da diese Fäulnis hemmen. Bestreichen Sie die Innenwände des Pflanzlochs mit dem Brei, bis die gesamte Innenfläche ausgekleidet ist. Nun tauchen Sie den Wurzelballen in den Brei und ummanteln ihn mit den Händen. So formen Sie einen abgerundeten Bal-

len, der in das vorgesehene Pflanzloch passt: Er wird jetzt hineingesetzt und fest angedrückt.

Zur Verankerung der Pflanze wird Sumpfmoos mit einem Holzstab an die Ränder des Ballens gedrückt. Falls notwendig, können Sie Gehölze zusätzlich fixieren, indem Sie Steinbrocken oder größere Bimskiesteile als Keil verwendet. Nach dem Einpflanzen betrachten Sie den Stein, um bei Bedarf noch Korrekturen durchzuführen, also zum Beispiel störende Zweige oder Triebe entfernen. Den fertig bepflanzten Stein brausen Sie intensiv ab, bis die letzten Lehm- und Substratreste von der Oberfläche abgespült sind. Bepflanzen Sie Ihren Stein möglichst nicht bei trockener, heißer Witterung. Wenn nicht anders möglich, empfiehlt es sich, den Stein nach dem Pflanzen erst einmal an einen schattigen Platz zu stellen. In der Folgezeit überbrausen Sie den Stein häufig, wenn möglich mehrmals täglich, mit einer feinen Brause. Nach sechs bis acht Tagen darf er an den endgültigen Standort gebracht werden. Bei Frühjahrsbepflanzung kann der Stein direkt nach dem Bepflanzen am vorgesehenen Platz aufgestellt werden.

# Gestalterische Tipps und Tricks

Wie schon bei den Gefäßen besprochen, kann man einfach durch geschickte Kombination unterschiedlicher, attraktiver Gefäße eine kleine Landschaft auf Balkon oder Terrasse bilden. Etwas höhere Ansprüche an den Gestalter stellt eine gelungene Landschaft innerhalb eines Trogs oder eines anderen großen Pflanzgefäßes.

## Steinlandschaften und Mineralien

In die Trog- oder Schalenlandschaft können Steine eingebaut werden, in deren Zwischenräume man das Substrat für die Pflanzen füllt. Um eine naturnahe Wirkung zu erzielen, sollten ausschließlich unbehauene Steine verwendet werden. Wichtig ist die Zusammenstellung unterschiedlich großer und schwerer Steine, aber auch einzelne Steinbrocken lassen sich hervorragend im Trog präsentieren. Ähnlich wie im Steingarten oder Alpinum sollte man sich vor der Verwendung unterschiedlicher Gesteinsarten hüten. Kalktuffsteine und Schiefer passen nun einmal nicht zueinander. Beobachtungen der Gesteinsformationen am Naturstandort sind daher eine wichtige Grundlage der naturnahen „Landschaftsgestaltung" im Trog. Kalksteinbrocken werden am besten so zu dichten Gruppen zusammengestellt, dass der Eindruck einer Felslandschaft entsteht. In den Urgesteins-Trögen hingegen können die Steinformationen schichtweise übereinander aufgebaut werden. Widerstehen Sie dabei der Versuchung, einzelne Gipfel oder Gebirgsstöcke im Kleinformat zu kopieren.

Bepflanzbare Lochgesteine eignen sich gut zur Gestaltung kleiner alpiner Landschaften im Trog. Besonders eindrucksvoll wirken dabei Steine, die auf die Farbe des Troges abgestimmt sind. Optimal wäre natürlich, wenn Trogmaterial und Gestaltungshilfe aus dem gleichen Gestein sind, zum Beispiel Kalktuff oder Dolomitkalk.

In der letzten Zeit gewinnt poröse, rote und braune Eifellava beim Bau von Steinanlagen an Bedeutung. Die auffallenden Formen und die Farbe des Materials wirken meist unnatürlich und lassen sich nur schwer in die gewachsene, grüne Substanz eines Gartenraumes einfügen.

In einem ebenfalls dunklen Gefäß aber kommt das

*Trog und Steine sollten aufeinander abgestimmt sein.*

*Knorrige Ast- oder Wurzelteile erwecken den Eindruck, der Standort sei schon seit langer Zeit belebt.*

machen. Am besten überprüfen und begutachten Sie das vorgesehene Arrangement zusammen mit anderen Gartenfreunden.

Die Dekorationssteine sollten fest mit dem Substrat verbunden sein, kleinere Steinkeile zwischen Trogrand, Substrat und Stein leisten hierbei gute Dienste.

Auch Mineralien und Fossilien können in einem bepflanzten Trog attraktiv zur Geltung kommen. Achten Sie aber immer darauf, die Pflanzung nicht zu überhäufen. Schnell arten solche Mineralien- und Fossilien-

Material mitunter gut zur Wirkung.

Vor der Verwendung von rundgeschliffenen Findlingen und Kieseln muss gewarnt werden; durchfließt ein Wasserlauf die Anlage, so gruppiert man diese runden Exponate ausschließlich im oder am Wasser.

Der Einbau der Steine erfolgt nach natürlichen Gesetzmäßigkeiten: Versuchen Sie mit jedem Element, den Zustand größtmöglicher Ruhe zu erreichen. In die Praxis umgesetzt bedeutet dies, dass die größte Oberfläche des Steins als Auflagefläche ausgewählt wird. Hochkant eingebaute Steine als Einzelobjekte wirken wie Denkmäler und integrieren sich nur schwer in das Gesamtbild. Nur bei Steinen mit interessanter und dekorativer Oberfläche dürfen Sie hin und wieder eine Ausnahme

*Damit ein naturnahes Landschaftsbild entsteht, müssen die Steine auch eine natürliche Lage einnehmen.*

sammlungen in Trögen zu Kitschgebilden aus; der Trog verfehlt dann seine Aufgabe als erlesener Blickfang.

## Abdeckmaterial

Ideal zur Abdeckung der Oberfläche sind Materialien, die aus der Gruppe der verwendeten Gesteinsarten stammen (z.B. Kalkgrus, Kalksand oder Kalkschotter bei Kalksteinen). Äußerst interessant wirkt Bimskies, der je nach Feuchtigkeitsgehalt seine Farbe wechselt. Bei hellen Steintrögen sieht auch gesiebter Kalksteinschotter attraktiv aus, der sonst im Wegebau Verwendung findet. Geeignet sind Korngrößen zwischen 0,5 und 2 cm.

Die Mulchschicht sollte zwischen 1 und 2 cm stark sein. Sie muss ist immer auf die Größe der neugepflanzten Polsterstauden abgestimmt werden, die keinesfalls überdeckt werden dürfen. Wenn starke Regenfälle das Abdeckmaterial abschwemmen, sollte man es von Zeit zu Zeit erneuern.

## Schmückendes Beiwerk

Neben dem Gestaltungshilfsmittel Stein bietet sich in Trögen auch die Verwendung von dekorativen Ast-

*Nach der Bepflanzung kann die Substratoberfläche mit Gras gemulcht, also abgedeckt werden.*

und Wurzelholzteilen an. Besonders schön lassen sich knorrige Ast- und Wurzelteile in oder neben gepflanzten Laub- und Nadelgehölzen verwenden. Sie stellen abgestorbene Pflanzenteile dar und markieren den Standort dadurch als Lebensraum, der schon seit langer Zeit von Pflanzen bewohnt wurde. Bei Wanderungen im Gebirge finden sich geeignete Holzteile häufig zwischen den Steinen im Bett sommertrockener Gebirgsbäche.

Auch bei der Verwendung von Holzteilen sollten Sie den Trog nicht überladen. Die Proportionen müssen gewahrt werden, und der Trog in seiner Schönheit soll die verbindende Einheit darstellen.

## Pflegemaßnahmen im Jahreslauf

Ist der Trog erst einmal bepflanzt bzw. der Minigarten angelegt, sind nur noch wenige Dinge zu beachten. Der Pflegeaufwand ist gering, vorausgesetzt, alles wurde richtig gemacht.

### Bewässerung

Eine gleichmäßige Wasserversorgung während der Wachstumsperiode wäre ideal. Ansonsten gilt die Regel: Je wärmer und sonniger der Standort, desto häufiger muss gewässert werden. Der Troggärtner bekommt sehr schnell ein Gefühl für die notwendigen Wassergaben.

Stellt man den Trog oder Stein auf eine versiegelte Oberfläche, wie Beton, Asphalt, Fliesen oder Steinplatten, so ist regelmäßig ein- bis zweimal pro Woche intensiv zu wässern. Bei unversiegelten Oberflächen, wie Rasenfläche oder Beeten, holt sich der Stein einen Teil der benötigten Wassermenge aus dem Untergrund. Außerdem sind alle Trogpflanzen dankbar, wenn sie an heißen Sonnentagen häufig besprüht werden. Sukkulententröge werden nach der Pflanzung intensiv angegossen und am Anfang einmal wöchentlich kontrolliert. Bei einer Kombination von Gehölzen und Stauden sollte man den Trog im Sommerhalbjahr von Beginn der Bepflanzung an etwa drei bis vier Wochen lang zwei- bis dreimal wöchentlich gießen. Mit Beginn der Samenreife geht der Wasserbedarf bei den meisten Arten zurück. Diesem Rhythmus passt sich der Troggärtner an. Bei frostfreier Witterung im Winter dürfen Sie die immergrünen Nadelgehölze nicht vergessen – sie brauchen auch zu dieser Jahreszeit Wasser.

*Vor allem in den ersten Wochen nach der Bepflanzung sind die Pflanzen kräftig anzugießen.*

## Düngung

Die meisten alpinen Stauden haben einen eher geringen Nährstoffbedarf. Im dauerhaft bepflanzten Trog möchte man in der Regel einen standortgerechten Lebensraum schaffen. Daher können Sie sich auf die gelegentliche Versorgung mit Spurenelementen beschränken. Erhöhte Gaben der Hauptnährstoffe würden den natürlichen Habitus der Pflanzen schnell verändern. Dagegen wirkt sich die Zugabe von Spurennährstoffen im Abstand von etwa zwei Jahren erfahrungsgemäß positiv auf die Gesundheit und das Erscheinungsbild der Pflanzen aus: Dazu werden 2 g Radigen in 10 l Wasser verrührt und mit einer Brause gleichmäßig auf der Substratoberfläche vergossen. Einige Polsterarten können aber auch nach Erfahrung mancher Troggärtner durch regelmäßige schwache Versorgung mit einem Flüssigdünger (z.B. Wuxal) am Beginn der Vegetationszeit zu verstärkter Blütenbildung angeregt werden. Probieren Sie behutsam verschiedene Maßnahmen aus, um festzustellen, was Ihrer Pflanzung am besten bekommt.

## Arbeiten an der Pflanze

Tröge zählen zu den pflegeleichtesten Gartenteilen. Im zeitigen Frühjahr sollte man den Trog durchputzen: Alte, vertrocknete Samenstände, Blätter und Sprossteile sind zu entfernen. Zurückgefrorene Äste und Zweige von Gehölzen werden ausgeschnitten, zu stark durchtreibende und die Nachbarn verdeckende Arten reduziert oder gegen besser geeignete Arten ausgewechselt. Laubgehölze kann man durch teilweisen Rückschnitt zu urigen Baumgestalten erziehen, Nadelbäume entspitzen.

Keimendes Unkraut muss regelmäßig ausgejätet und stark verdichteter Boden von Zeit zu Zeit mit einer alten Kuchengabel gelockert werden.

Mit dem Trog kann man sich stundenlang beschäftigen, ohne ernsthaft körperlich arbeiten zu müssen: Man zupft hier, richtet da und versinkt in einen Zustand tiefer Entspannung und Zufriedenheit. Vielleicht ist dieses Glücksgefühl die Belohnung für die Mühe und Anstrengung, die der Trog bei seiner Herstellung bereitet hat.

## Pflanzenschutz

Giftige Pflanzenbehandlungsmittel sollten im Troggarten nur verwendet werden, wenn ihr Einsatz unumgänglich ist, um die Pflanzen zu retten. Stehen minder giftige oder giftfreie Präparate zur Verfügung, so sollten diese stets den Vorzug erhalten. Dies gilt umso mehr,

als bei den meist eher seltenen Steingartenpflanzen nur in den wenigsten Fällen die Verträglichkeit überprüft ist. Das heißt, dass das Pflanzenschutzmittel unter Umständen größere Schäden an den Pflanzen verursacht als die Krankheiten, die Sie behandeln möchten.

In der Nacht fallen häufig Nacktschnecken über weichblättrige Pflanzen her und fressen sie kahl. Besonders Glockenblumen und verwandte Gattungen werden gerne aufgesucht. Schneckenkorn (empfehlenswert das neue, relativ ungiftige Ferramol) leistet hier wirksame Abhilfe.

Gelegentlich gilt es, Scharen von Blattläusen beizukommen, besonders im Sommer bei trockener und warmer Witterung. Zu deren Bekämpfung werden im Handel zahlreiche mehr oder weniger

### Tipp

Ein wichtiger tierischer Schädling ist der Dickmaulrüssler, der sich durch Fraß an Blättern und Wurzeln bemerkbar macht, bevorzugt auf torfsaurem Substrat. Bei massivem Auftreten kann man das Nützlingspräparat *Bio 1020* über dem Substrat vergießen.

(z.B. Neudosan auf Kaliseifen-Basis) giftige Mittel angeboten.

Im Frühjahr und Herbst zerstören Amseln häufig frisch gesetzte Pflänzchen oder zerrupfen ältere Staudenpolster. Während dieses Zeitraums lohnt es sich, den Trog mit Netzen abzudecken, um die Amseln fern zu halten.

## Winterschutz

Bei Barfrost ohne Schnee kann bereitgelegtes Reisig (Zweige von Nadelhölzern) gegen die nächtliche Kälte und das Sonnenlicht des Tages schützen. Den besten Schutz für unsere Trogpflanzen aber bildet eine geschlossene Schneedecke, unter der die Pflanzen sicher vor Wind und Kälte ihre Winterruhe verbringen. Bei gefrorenem Boden bieten auch alte Gardinen Schutz: Sie spenden Schatten und dämmen so die Verdunstung von Flüssigkeit aus den Gehölzen ein.

Bei Tauwetter im Winter sind anhaltende Niederschläge für viele Arten sehr schädlich. Plexiglasscheiben, Lichtbahnplatten oder Folien, die bei Dauerregen über die Tröge gesetzt werden, sorgen für Nässeschutz.

# Bepflanzungs-beispiele

Die hier dargestellten Beispiele sind in sonnige und schattige Standorte unterteilt. Längen- und Breitenangaben gelten jeweils für die Außenwände des Trogs. Die Tiefe dagegen bezieht sich auf den bewurzelungsfähigen, mit Substrat gefüllten Troginnenraum.

## Steingärten in Trögen und Schalen

Ist der Trog erst einmal bepflanzt, sind nur noch wenige Dinge zu beachten. Der Pflegeaufwand ist gering, vorausgesetzt, alles wurde richtig gemacht.

## Trog für sonnigen Standort – alpine Gestaltung

Länge 120 cm, Breite 50 cm, Tiefe etwa 20 cm

Von März bis August blühen jeweils mindestens zwei Arten durchgehend.

Silberwurz überwächst die Oberfläche und den Trogrand wie ein Vorhang, Wacholder und Kiefer werden durch Schnittmaßnahmen klein gehalten und zu Wildformen erzogen. Bepflanzte Tuffsteine sind ein zusätzliches Schmuckelement.

① *Zwerg-Wacholder* (Juniperus squamata 'Blue Star') – dekoriert mit einem Stück Wurzelholz; ② *Silberwurz* (Dryas octopetala); ③ *Grasnelke* (Armeria juniperifolia 'Bevans Variety'); ④ *Meeralpen-Primel* (Primula marginata); ⑤ *Leimkraut* (Silene acaulis 'Plena'); ⑥ *Hungerblümchen* (Draba aizoides); ⑦ *Miere* (Minuartia sedoides); ⑧ *Seifenkraut* (Saponaria x olivana); ⑨ *Mädchenkiefer* (Pinus parviflora 'Glauca'); ⑩ *Alpenaurikel* (Primula auricula); ⑪ *Büschelglocke* (Edraianthus pumilio); ⑫ *Steintäschel* (Aethionema oppositifolium); ⑬ *Sandkraut* (Arenaria tetraquetra); ⑭ *Steinkraut* (Alyssum saxatile); ⑮ *Kriech-Wacholder* (Juniperus horizontalis 'Glauca'); ⑯ *Mannsschild* (Androsace carnea); ⑰ *Zwergnelke* (Dianthus microlepis); ⑱ *Steinbrech* (Saxifraga burseriana)

**Trog für sonnigen Standort – alpine Gestaltung**

**Trog für sonnigen Standort – alpine Gestaltung**

## Trog für sonnigen Standort – alpine Gestaltung

Länge 80 cm, Breite 30 cm, Tiefe etwa 20 cm

① *Büschelglocke* (Edraianthus serpyllifolius); ② *Atlas-Ringblume* (Anacyclus pyrethrum *var.* depressus); ③ *Zwergnelke* (Dianthus simulans); ④ *Enzian* (Gentiana clusii); ⑤ *Zwerg-Kiefer* (Pinus sylvestris 'Compressa'); ⑥ *Storchschnabel* (Geranium cinereum); ⑦ *Baldrian* (Valeriana x suendermannii); ⑧ *Reiherschnabel* (Erodium reichardii); ⑨ *Teppich-Spierstrauch* (Spiraea japonica 'Little Princess'); ⑩ *Teppichphlox* (Phlox douglasii)

Die in diesem Beispiel gepflanzten Arten benötigen zum Gedeihen ein kalkhaltiges Substrat.
Die Blütezeiten dieser Kombination liegen im späten Frühling bis Anfang des Sommers. Zwergkiefer und Teppich-Spierstrauch prägen als Gehölze die Struktur. *Spiraea* allerdings muss durch vorsichtige Schnittmaßnahmen klein gehalten werden: Entfernen Sie jeweils etwa ein Drittel der alten Triebe, um die natür-

liche Gestalt beizubehalten. Der kleine Strauch blüht im Spätsommer.
Der Beginn der Blühperiode wird im April in rosa Tönen eingeläutet, vom Reiherschnabel und dem duftenden Baldrian. Den Mai überbrücken die weißen Sternchen der Atlas-Ringblume sowie der Teppichphlox. Bei diesem können Sie unter verschiedenen Farbsorten wählen. Im Juni erreicht der Trog den Höhe-

punkt seiner Blüte: Enzian, Büschelglocke, Zwergnelke und Storchschnabel bestreiten das Farbspektrum von Weiß über Rosa und Blau bis hin zu Violett.
Im Herbst lässt schließlich auch der Storchschnabel seine letzten Blütenblätter fallen. Danach bleiben bis zum nächsten Frühjahr lediglich das kleine Zwergkiefer-Bäumchen sowie die immergrünen Polster sichtbar.

**Trog für sonnigen Standort – alpine Gestaltung**

## Trog für sonnigen Standort – alpine Gestaltung

Länge 100 cm, Breite 35 cm, Tiefe etwa 20 cm

① *Zwerg-Garbe* (Achillea nana); ② *Fingerkraut* (Potentilla aurea); ③ *Mannsschild* (Androsace hedraeantha); ④ *Gänseheide* (Loiseleuria procumbens); ⑤ *Enzian* (Gentiana acculis); ⑥ *Serbische Fichte* (Picea omorika 'Minima'); ⑦ *Zwerg-Strohblume* (Helichrysum milfordiae); ⑧ *Dickblatt-Steinbrech* (Saxifraga cotyledon); ⑨ *Duft-Schneeball* (Viburnum farreri 'Nana'); ⑩ *Doppelhörnchen* (Diascia cordata)

Der Trog wird mit Pflanzen, die einen sauren Standort benötigen, sowie mit drei Granitbrocken gestaltet. Die Serbische Fichte 'Minima' zählt zu den niedrigsten Nadelgehölzen und muss nur von Zeit zu Zeit pinziert werden. Die Gämsheide ist ein unscheinbares Nadelgehölz, das sich allerdings dekorativ an den Stein schmiegt. Der Duftschneeball wird durch regelmäßigen Schnitt geformt und blüht im Winter mit weißrosa Blüten, die einen zarten Duft verströmen.

Damit beginnt auch der weite Zeitraum, innerhalb dessen diese Pflanzkombination mit Attraktionen aufwarten kann. Im April erblüht das Mannsschild-Polster hellrosa, im Mai kommen weißgraue und gelbe Töne der Zwerg-Garbe und des Fingerkrauts hinzu. Ab Mai zeigen sich die silbergrauen Blüten der Zwerg-Strohblume sowie blaue Enzianbecher und weiße Steinbrech-Rispen. Das Doppelhörnchen öffnet ebenfalls zu diesem Termin erstmals seine weißen oder rosafarbenen Blüten, die jedoch bis weit in den Herbst hinein die letzten Farbsignale dieses Trogs versenden.

### Trog für sonnigen Standort – alpine Gestaltung mit zwergwüchsigen Arten

Länge 50 cm, Breite 25 cm, Tiefe etwa 15 cm

Dieser Trog eignet sich wegen seines geringen Gewichts gut für Balkone und andere höher gelegene Standorte. Kleinere Steine aus hellem Zechsteindolomit ordnen die kleine, dicht bepflanzte Fläche. Wegen der geringen Pflanztiefe muss der Trog bei anhaltend sonniger Witterung häufiger überbraust werden.

Der Höhepunkt seines Auftritts liegt im Frühjahr, auch wenn einzelne Blüten des Mittelmeer-Gänseblümchens bis in den Oktober für Farbtupfer sorgen.

Beginnend mit Mannsschild und Hungerblümchen im März, über die Zwergform des bekannten gelben Steinkraut-Polsters und die bizarren blau-violetten Blüten der Teufelskralle endet die Blühperiode mit den gelben Sternchen der Degenie. Danach wird die „Landschaft" vor allem von der Zwerg-Libanonzeder geprägt.

① *Steinkraut* (Alyssum saxatile *'Nanum'*); ② *Meister* (Asperula suberosa); ③ *Degenie* (Degenia velebitica); ④ *Nelke* (Dianthus microlepis); ⑤ *Mittelmeer-Gänseblümchen* (Bellium minutum); ⑥ *Teufelskralle* (Physoplexis comosa); ⑦ *Zwerg-Libanonzeder* (Cedrus libani *'Pygmy'*); ⑧ *Mannsschild* (Androsace sempervivoides); ⑨ *Hungerblümchen* (Draba rigida *var.* imbricata); ⑩ *Rosmarinseidelbast* (Daphne cneorum *'Pygmaea'*)

**Trog für sonnigen Standort – alpine Gestaltung mit zwergwüchsigen Arten**

### Trog für sonnigen bis licht schattigen Standort – alpine Zwerglandschaft mit vielen Steinbrech-Arten und -Sorten

Länge 120 cm, Breite 50 cm, Tiefe etwa 20 cm

Eine anspruchsvolle und sehr dekorative Zusammenstellung, die vor allem von den 13 verschiedenen Arten und Sorten des Steinbrechs lebt. Solch ein Trog kann der Beginn einer wundervollen Sammler-Leidenschaft sein.
Die Steinbreche decken mit ihren meist aufrechten, zarten Rispen den Zeitraum von März bis Juli ab. Ergänzend dazu zeigen sich ab März die rötlichen Blüten des Mannsschilds, ab April blühen das gelbe Aurikel und Weißer Mauerpfeffer. Im Juni erscheinen die Sternchen des Igelpolsters, und schließlich streckt sich auch die Rosette des Hauswurzes zur Blüte. Der Thymian wirkt hauptsächlich durch sein wintergrünes Polster.

① *Steinbrech (Saxifraga x pubescens);* ② *Steinbrech (Saxifraga x haagii);* ③ *Steinbrech (Saxifraga apiculata 'Alba');* ④ *Hauswurz (Sempervivum-Hybride);* ⑤ *Steinbrech (Saxifraga multipunctata);* ⑥ *Steinbrech (Saxifraga lantoscana);* ⑦ *Steinbrech (Saxifraga lilacina 'Cranebourne');* ⑧ *Thymian (Thymus 'Elfin');* ⑨ *Mannsschild (Androsace hedraeantha);* ⑩ *Steinbrech (Saxifraga 'Lindau');* ⑪ *Steinbrech (Saxifraga burseriana 'Sulphurea');* ⑫ *Aurikel (Primula auricula);* ⑬ *Mannsschild (Androsace sempervivoides);* ⑭ *Steinbrech (Saxifraga 'Suendermann');* ⑮ *Steinbrech (Saxifraga 'Southside Seedling');* ⑯ *Steinbrech (Saxifraga portae 'Multipunctata');* ⑰ *Igelpolster (Acantholimon glumaceum);* ⑱ *Steinbrech (Saxifraga eudoxiae);* ⑲ *Steinbrech (Saxifraga paniculata);* ⑳ *Igelfichte (Picea abies 'Echiniformis');* ㉑ *Weißer Mauerpfeffer (Sedum album)*

**Trog für sonnigen bis licht schattigen Standort – alpine Zwerglandschaft mit vielen Steinbrech-Arten und -Sorten**

**Trog für sonnige bis licht schattige Standorte – Zwerglandschaft**

## Trog für sonnige bis licht schattige Standorte – Zwerglandschaft

Länge 80 cm, Breite 45 cm, Tiefe etwa 20 cm

Lebhafte Mischpflanzung aus Laub- und Nadelgehölzen sowie Stauden in einem eher sauren Substrat. Die Bergkiefer bleibt zwergig und sollte gelegentlich pinziert werden. Die Zelkove lässt sich durch einfühlsamen Schnitt zu einem wunderschönen „Naturbonsai" erziehen. Die überhängende Moos-Zypresse mit ihren fadenartigen Na-

① *Zelkove* (Zelkova serrata *var.* pygmaea); ② *Primel* (Primula x pubescens); ③ *Gämskresse* (Hutchinsia alpina); ④ *Zwerg-Iris* (Iris pumila); ⑤ *Glockenblume* (Campanula pulla); ⑥ *Alpensteinquendel* (Acinos alpinus); ⑦ *Zwergkiefer* (Pinus mugo 'Brevifolia'); ⑧ *Moos-Zypresse* (Chamaecyparis pisifera 'Pygmaea'); ⑨ *Schleierkraut* (Gypsophila aretioides); ⑩ *Kugelblume* (Globularia stygia); ⑪ *Schneewegerich* (Plantago nivalis); ⑫ *Steintäschel* (Aethionema oppositifolium); ⑬ *Karpatenkamille* (Anthemis carpatica); ⑭ *Steinbrech* (Saxifraga caesia); ⑮ *Steinbrech* (Saxifraga paniculata 'Baldensis')

deln muss nicht geschnitten werden.

Das attraktivste Stadium dieser Kombination liegt im Mai/Juni, wenn die Mehrzahl der Pflanzen blüht, vorwiegend in weißen und blau-

violetten Tönen. Gämskresse, Alpen-Steinquendel und Steintäschel verlängern die Blütezeit bis in den September. Danach wirkt vor allem noch der silbrig behaarte Schneewegerich dekorativ.

35

## Trog für schattige Standorte – mit attraktiven Blüten

Länge 50 cm, Breite 20 cm, Tiefe etwa 12 cm

Für dieses Pflanzbeispiel ist ein kalkhaltiges Substrat zu bevorzugen. Sein besonderer Wert liegt darin, dass es das ganze Jahr über etwas zu sehen gibt.

Das Alpenveilchen eröffnet die Saison mit seinem winterlichen Flor. Es folgen Gänsekresse, Primel, Schatten-Schmuckblume und Felsenteller – lauter attraktive Blüten! Im Sommer sind Zimbelkraut und Schlangenbart die Letzten – aber damit ist noch nicht Schluss. Denn im Herbst erscheinen die roten Früchte der Zwergmispel und verleihen dem Trog den passenden Farbtupfer. Dieser Bodendecker sowie die Zwergbirke müssen im übrigen durch Schnittmaßnahmen zu maßvollem Wuchs erzogen werden. Diese Kombination vereinigt die Genügsamkeit des Steingartens mit relativ großen, attraktiven Blüten, wie sie sonst für diesen Standort eher ungewöhnlich sind – umso mehr im Trog sowie im Schatten! Wegen der geringen Tiefe des Behälters sollten Sie allerdings auch im Schatten bei Bedarf für eine regelmäßige Bewässerung sorgen. Kleinere Kalkknollensteine können das Bild auflockern.

① *Gänsekresse* (Arabis ferdinandi-coburgi); ② *Zwergmispel* (Cotoneaster adpressus '*Little Gem*'); ③ *Felsenteller* (Ramonda myconi); ④ *Schatten-Schmuckblume* (Callianthemum anemonoides); ⑤ *Alpenveilchen* (Cyclamen coum); ⑥ *Schlangenbart* (Liriope muscari); ⑦ *Zwergbirke* (Betula nana); ⑧ *Primel* (Primula frondosa); ⑨ *Zimbelkraut* (Cymbalaria aequitriloba)

**Trog für schattige Standorte – mit attraktiven Blüten**

**Trog für schattige Standorte**

## Trog für schattige Standorte

Länge 60 cm, Breite 45 cm, Tiefe etwa 30 cm

Schattenlandschaft mit wildnishaftem Charakter: Die Zusammenstellung eignet sich für Lagen, in denen während der Vegetationsperiode etwas zu sehen sein soll, die aber im Winter wenig beachtet werden. Die Laub abwerfenden Gehölze wie beispielsweise Zwergulme oder Schlitz-

① *Walddickblatt* (Chiastophyllum oppositifolium);  ② *Mazie* (Mazus pumilio);  ③ *Polster-Spierstrauch* (Spiraea decumbens);  ④ *Moossteinbrech* (Saxifraga hypnoides);  ⑤ *Bergveilchen* (Viola biflora);  ⑥ *Schlitzahorn* (Acer palmatum 'Dissectum Nigrum');  ⑦ *Blauklee* (Parochetus communis);  ⑧ *Rippenfarn* (Blechnum penna-marina);  ⑨ *Grüner Streifenfarn* (Asplenium viride);  ⑩ *Zwergulme* (Ulmus davidianus var. pygmaeus);  ⑪ *Zwergraute* (Thalictrum kiusianum);  ⑫ *Goldbaldrian* (Patrinia triloba)

ahorn ziehen im Sommer die Blicke auf sich, im Winter dagegen sind sie von geringer Attraktivität. Auch der Spierstrauch ist ein sommergrünes Gehölz, das mit seinen Ausläufern einen Teppich bildet.

Der Moos-Steinbrech blüht bereits im Frühjahr, das Bergveilchen im Frühsommer. Bei den übrigen liegt die Blütezeit im Sommer, Mazie und Blauklee verlängern sie sogar bis Oktober.

## Steingärten auf löchrigem Kalkstein

### Kalkknollenstein für sonnigen Standort

Länge ca. 65 cm,
Breite und Höhe ca. 35 cm

Dieser Stein kann sowohl in einer kleinen Anlage als auch solitär platziert werden. Die Vertiefungen sollten mindestens 5 bis 7 cm tief sein. Wenn der Stein auf einer unversiegelten Fläche steht, kann er aus dem Untergrund ständig Feuchtigkeit aufnehmen. Sechs bis acht Wochen nach der Pflanzung kann dann die Zusatzbewässerung eingestellt werden. Andernfalls sollten Sie die Pflänzchen während trockener Sommerwochen gelegentlich gießen.

Die wenigen Pflanzenarten auf dem kleinen Stein haben ihren Höhepunkt im späten Frühjahr.
Im Juni blühen für wenige Wochen alle Pflanzen gleichzeitig. Nach diesem Zeitraum fallen in erster Linie die silbrig behaarten Samenstände des Silberwurzes ins Auge. Vervollständigt wird die kleine Gemeinschaft durch einen der wenigen sonnenverträglichen Farne.

### Kalkknollenstein für schattigen Standort

Länge ca. 75 cm,
Breite ca. 40 cm

Ein Stein für Einzelstand, am besten am Waldrand, aber auch an schattigen Hauseingängen, Balkonen und Terrassen.
Geprägt wird der Stein vor allem durch die drei Farne und zwei Steinbrech-Arten, die nacheinander im Frühjahr blühen. Der Schatten-Steinbrech, auch als Porzel-

① *Zwerg-Grasnelke* (Armeria juniperifolia); ② *Schriftfarn* (Ceterach officinarum); ③ *Frühlingsenzian* (Gentiana verna); ④ *Polsternelke* (Dianthus microlepis); ⑤ *Silberwurz* (Dryas octopetala)

**Kalkknollenstein für sonnigen Standort**

**Kalkknollenstein für schattigen Standort**

lanblümchen bekannt und weit verbreitet, bildet mit seinen Rosetten dichte Matten. Der attraktivste Blüher jedoch folgt erst im Frühsommer. Dann nämlich lässt das wintergrüne Walddickblatt seine dekorativen gelben Blütenrispen über den Rand des Steins herab hängen.

Die Farne haben einen hohen Feuchtigkeitsbedarf; dadurch siedeln sich sehr schnell Algen und Moose an, was zu einem besonders natürlichen Erscheinungsbild führt.

Auf versiegeltem Untergrund ist ganzjährig eine Zusatzbewässerung erforderlich.

① *Braunstieliger Streifenfarn* (Asplenium trichomanes); ②*Mauerraute* (Asplenium ruta-muraria); ③ *Schatten-Steinbrech* (Saxifraga umbrosa); ④ *Moossteinbrech* (Saxifraga-Arendsii-Hybriden); ⑤ *Walddickblatt* (Chiastophyllum opppositifolium); ⑥ *Kriechender Rippenfarn* (Blechnum penna-marina)

## Themengärten

Die Themenauswahl für eine Trogpflanzung sind äußerst vielfältig. Man kann zum Beispiel heimische Situationen nachahmen wie Heide-, Wald- und Moorbeet-Trog. Oder man gestaltet je nach geographischen Vorlieben einen Nordamerika-Trog, einen China-Trog, einen Himalaya-Trog oder einen Neuseeland-Trog. Ebenso könnte man Zwergformen von Azaleen und Rhododendren sowie fleischfressenden Pflanzen (Insectivoren) kombinieren oder Tröge ansprechend mit dekorativen Küchen- und Arzneikräutern bepflanzen.

Es würde den Rahmen des Buches sprengen, alle Gestaltungsmöglichkeiten zu beschreiben – der Fantasie des Gestalters sind (fast) keine Grenzen gesetzt. Hier folgen lediglich zwei Anregungen.

## Ein Trog mit heimischen Waldstauden für licht schattige Standorte

Eine Trogbepflanzung mit heimischen Stauden kann sehr reizvoll sein und individuell gestaltet werden. Eine Mischung aus unkrautfreiem Kompost und Walderde stellt das geeignete Füllsubstrat dar.

Neben den Stauden können auch Zwiebel- und Knollenpflanzen in den Wald-Trog integriert werden, am besten unter Gehölzen. Geeignete Arten sind Schneeglöckchen (*Galanthus nivalis*), Winterling (*Eranthis hyemalis*), Frühlingsknotenblume oder Märzenbecher (*Leucojum vernum*), Wald- (*Gagea lutea*) und Kleiner Gelbstern (*Gagea minima*). Ebenfalls sehr früh erblühen das Buschwindröschen (*Anemone nemorosa*) oder das Gelbe Buschwindröschen (*Anemone ranunculoides*). Die Kombinationsmöglichkeiten sind unerschöpflich. Einige mit Flechten bewachsene Holzteile oder bemooste Steine runden das natürliche Bild ab.

Eine solche Trogbepflanzung ist im Allgemeinen robust, braucht keine Düngung und nur wenig Pflege – mit Ausnahme regelmäßiger Was-

① *Waldschmiele* (Deschampsia flexuosa); ② *Leberblümchen* (Hepatica nobilis); ③ *Steinsame* (Buglossoides purpurocaerulea); ④ *Schattenblümchen* (Maianthemum bifolium); ⑤ *Knabenkraut* (Orchis mascula); ⑥ *Marienfrauenschuh* (Cypripedium calceolus); ⑦ *Waldmeister* (Galium odoratum); ⑧ *Zwerg-Hainbuche* (Carpinus betulus var. miniata *'Jeddeloh'*); ⑨ *Moschuskraut* (Adoxa moschatellina); ⑩ *Perlgras* (Melica nutans); ⑪ *Streifenfarn* (Asplenium trichomanes); ⑫ *Zwerg-Vogelkirsche* (Prunus avium *'Fastigiata Minima'*); ⑬ *Immergrün* (Vinca minor); ⑭ *Zweiblatt* (Listera ovata)

**Ein Trog mit heimischen Waldstauden für licht schattige Standorte**

**Eine Heidelandschaft im Trog**

sergaben sowie des gelegent-
lichen Entfernens welker
oder einziehender Pflanzenteile.

## Pflanzbeispiel

Länge 120 cm, Breite 50 cm,
Tiefe etwa 25 cm

Diese Nachahmung eines
Waldstandorts stellt inso-
fern besondere Ansprüche
an den Pfleger, als der Trog
erst durch regelmäßigen
Schnitt der Hainbuche und
der Vogelkirsche zu einem
auf Dauer attraktiven An-
blick wird.
Unter vielen hübschen
Schattenblühern sind die
beiden Orchideenarten,
Knabenkraut und Frauen-
schuh, die besonderen
Attraktionen.

① *Felsenmispel* (Cotoneaster adpressus 'Nana'); ② *Rhododen-dron impeditum*; ③ *Lavendelheide* (Andromeda polifolia), *Japanische* (Pieris nana) *oder Lorbeerrose* (Kalmia latifolia 'Myrti-folia'); ④ *Schmiele* (Festuca valesiaca 'Glaucantha'); ⑤ *Besenheide* (Calluna vulgaris); ⑥ *Schneeheide* (Erica carnea); ⑦ *Wacholder* (Juniperus communis 'Compressa'); ⑧ *Bärentraube* (Arctostaphylos uva-ursi); ⑨ *Zwerg-Nelken* (Dianthus microlepis); ⑩ *Bergsegge* (Carex montana); ⑪ *Kreuzsandkraut* (Arenaria tetraquetra); ⑫ *Scheinbeere* (Gaultheria procumbens)

## Eine Heidelandschaft im Trog

Die Rahmenbedingungen
zur Gestaltung einer Heidelandschaft sowie die in-
frage kommenden Heide-
kräuter, Gräser und Zwerggehölze sind auf Seite 58
beschrieben.
Nachfolgendes Pflanzbei-
spiel soll eine Vorstellung
vermitteln, wie die Heidearten vergesellschaftet
werden können.

## Pflanzbeispiel

Länge 80 cm, Breite 30 cm,
Tiefe etwa 30 cm

Neben vielen immergrünen
Zwerggehölzen sowie zwei
Gräsern gibt es fast das ganze
Jahr über Blüten zu sehen,
meist in rötlichen Tönen. Vom
Spätsommer bis zur Schnee-
heide wird die Zeit durch die
Beeren von Felsenmispel,
Bärentraube und Scheinbeere
überbrückt.

# Trockenheitsverträgliche Pflanzen für Minigärten

Im folgenden finden Sie eine Auswahl an Pflanzen, die sich für trockene Standorte eignen und ideal zur Bepflanzung von Trögen sind. Diese Übersicht erhebt natürlich keinen Anspruch auf Vollständigkeit. Die meisten hier vorgestellten Pflanzen erhalten Sie in Fachbetrieben.

## Stauden für sonnige Lagen und lichten Wechselschatten

Die Pflanzen, die üblicherweise in den Alpen auf steinigem Untergrund wachsen, sind in der Mehrzahl auch Sonnenanbeter. Daher steht uns für Tröge an solchen Standorten eine große Auswahl an meist blühenden Stauden zur Verfügung. Da sie außerdem überwiegend immergrün sind, wirkt die Trogbepflanzung auch im Winter niemals kahl.

### Baldrian, Suendermanns Zwerg-

*(Valeriana x suendermannii)*
Löffelartiges Laub bildet dichte, 10 cm hohe Polster. Im April/Mai duftende rosa Blüten. Benötigt kalkhaltiges Substrat.

### Bitterwurz

*(Lewisia cotyledon)*
Fleischige Blattrosetten, immergrün. Von Juni bis August Blütenbecher in dichten Dolden an langen Stielen, bis 20 cm hoch, verschiedene Farbsorten. Eher feucht, trotzdem

*Stängelloser Enzian* (Gentiana acaulis)

gegen Winternässe schützen.

## Büschelglocke
*(Edraianthus pumilio, E. serpyllifolius)*
Immergrüne, nur 5 cm hohe Polster, *E. pumilio* mit silbrig grünen Blättern bleibt sogar noch etwas niedriger. Im Juni/Juli violette Blütenbecher. Im Winter gegen Nässe schützen. Benötigt kalkhaltiges Substrat.

## Degenie
*(Degenia velebitica)*
Graue, 5 cm hohe Polster; schwefelgelbe Blütensterne im Juni/Juli. Kurzlebig, sät sich aber an günstigen

Stellen selbst aus. Benötigt kalkhaltiges Substrat.

## Doppelhörnchen
*(Diascia cordata)*
Lockere Polster, etwa 25 cm hoch; dekorative, rosafarbene oder weiße Blüten von Juni bis zum ersten Frost.

## Edelweiß
*(Leontopodium alpinum)*
Bis 20 cm hohe Horste aus schmalen, graugrünen Blättern. Bekannte, wollig behaarte Blütensterne von Juni bis August. Benötigt kalkhaltiges Substrat. Im Winter gegen Nässe schützen.

*Dolomiten-Fingerkraut (Potentilla nitida)*

## Ehrenpreis, Moos-
*(Veronica armena)*
Moosartige, 5 bis 6 cm hohe Polster; im April/Mai blaue Blüten; langlebig.

## Enzian, Stängelloser
*(Gentiana acaulis)*
Bildet immergrünen, 10 cm hohen Teppich aus Blattrosetten. Im Juni/Juli erscheinen die tiefblauen Blütentrichter.

## Enzian
*(Gentiana clusii)*
Wie *G. acaulis*, benötigt allerdings kalkhaltiges Substrat.

## Enzian, Frühlings-
*(Gentiana verna)*
Bildet einen 5 cm hohen, immergrünen Teppich aus Blattrosetten. Von April bis Juni himmelblaue Blütentrichter. Benötigt kalkhaltiges Substrat.

## Fingerkraut
*(Potentilla aurea, P. nitida)*
Mit ihren gelappten Blättern bilden beide Fingerkräuter bis 10 cm hohe, halb immergrüne Teppiche. Während *P. aurea* von Mai bis Juli die tiefgelben Blütenteller öffnet, zeigt *P. nitida* rosafarbene Blüten im Juli/August. Beide Arten bevorzugen kalkhaltiges Substrat.

### Gänseblümchen, Mittelmeer-

*(Bellium minutum)*
Dichte, 2 cm niedrige Polster;
Blüten von Mai bis Oktober,
absolut winterhart.

### Gämskresse, Alpen-

*(Pritzelago alpina)*
Gefiedertes, grünes bis rötlichbraunes Laub bildet
lockere Horste, 5 bis 8 cm
hoch; weiße Doldenblüten
von Mai bis September.
Benötigt kalkhaltiges
Substrat.

### Garbe, Zwerg-

*(Achillea nana)*
Graufilziges Laub in dichten
Polstern, 10 bis 15 cm hoch;
kleine, weißgraue Dolden
mit gelbem Herzen im
Mai/Juni; sehr dekorative
Fruchtstände.

### Glockenblume, Dunkle

*(Campanula pulla)*
Bis 10 cm hohe Polster ver-
breiten sich durch Ausläufer.
Im Mai/Juni dunkelviolette
Blütenglocken. Benötigt kalk-
haltiges Substrat.

### Grasnelke, Zwerg-

*(Armeria juniperifolia)*
Immergrüne, 5 cm hohe
Polster aus Rosetten gras-
artiger Blätter. Im Mai/Juni
rosafarbene Blütenköpf-
chen. Benötigt kalkhaltiges
Substrat.

*Hauswurz* (Sempervivum-Hybriden)

### Hauswurz, Spinnweben-

*(Sempervivum arachnoideum)*
Kleine, winterharte, immergrüne Rosetten aus fleischigen Blättern; bei dieser Art
mit Haaren überzogen,
manchmal auch rötlich. Im
Sommer darüber rötliche Blü-
tensternchen. Braucht nur
wenig Substrat, verbreitet
sich durch Tochter-Rosetten.

### Hauswurz

*(Sempervivum-Hybriden)*
Interessant sind neben verschiedenen Größen und
Blütenfarben vor allem die
Färbungen und Zeichnun-
gen der Blattrosetten. Bei der
Arten- und Sortenvielfalt
dieser Gattung verlieren
selbst engagierte Sammler
den Überblick. Außerdem
sehr ähnlich im Habitus: die
Gattungen *Sempervivella*,
*Rosularia* und *Jovibarba*.

### Hungerblümchen

*(Draba aizoides, D. mollissima)*
Beide Arten bilden immer-
grüne, etwa 10 cm hohe
Polster und zeigen ab März
gelbe Blütendolden. *D. aizoides* blüht allerdings wesentlich länger, bis in den Juni,
und ist empfindlicher gegen
Winternässe. Beide benötigen kalkhaltiges Substrat.

*Polster-Kugelblume*
**(Globularia cordifolia)**

## Hungerblümchen, Türkisches

*(Draba rigida* var. *bryoides)*
3 bis 5 cm hohe, dichte, polsterartige Horste, darüber gelbe Doldenblüten im Mai/Juni; besonders wirkungsvoll in Gruppen. Benötigt kalkhaltiges Substrat.

## Igelpolster

*(Acantholimon glumaceum)*
Nadelspitzes, graugrün bereiftes Laub bildet dichte, 8 bis 10 cm hohe Polster. Im Juni/Juli rosa bis rote Blüten. Benötigt kalkhaltiges Substrat.

## Karpaten-Kamille

*(Anthemis carpatica)*
Rasenförmiges, dunkelgrünes Laub, 3 bis 5 cm hoch; im Mai/Juni weiße Kamillenblüten.

## Katzenpfötchen

*(Antennaria dioica)*
Halb immergrüne Ausläufer bilden 5 bis 10 cm hohe Teppiche. Darüber hinaus ragen Mai bis Juli wollig behaarte Doldenblüten.

## Küchenschelle

*(Pulsatilla alpina, P. vernalis)*
Horste der Alpen-Küchenschelle (*P. alpina*) bis 30 cm hoch; weißbläuliche Blütenbecher von Mai bis Juli, danach dekorative silbrig graue Samenstände.
Die Frühlings-Küchenschelle (*P. vernalis*) ist immergrün, nur 10 cm hoch; blüht von April bis Juli.

## Kugelblume, Polster-

*(Globularia cordifolia)*
Der immergrüne Halbstrauch bildet einen 5 cm

*Fleischroter Mannsschild*
**(Androsace carnea)**

hohen Teppich. Im Mai/Juni lavendelblaue Blütenköpfchen.

## Kugelblume

*(Globularia meridionales, G. stygia)*
Immergrüner Halbstrauch. *G. meridionales* bildet 10 cm hohen Teppich. Im Mai/Juni zart lilarosa Blütenköpfchen.
*G. stygia* bildet 3 bis 5 cm hohe Teppiche aus lederartigen, dunkelgrünen Blättern; im Mai/Juni graublaue Blütenstände, dekorative Samenstände auch im Winter.
Beide benötigen kalkhaltiges Substrat.

## Leimkraut, Stängelloses

*(Silene acaulis)*
Immergrüne, moosartige Polster, nur 5 cm hoch. Von Juni bis August einzelne rosafarbene bis rote Blütensterne. Benötigt kalkhaltiges Substrat.

## Mannsschild, Fleischroter

*(Androsace carnea)*
Nur 5 cm hohe, immergrüne Polster mit Rosetten aus fleischigen Blättern. Im Mai/ Juni erscheinen rosafarbene Blüten mit gelbem Auge in dichten Dolden. Bevorzugt leicht saures Substrat.

### Mannsschild, Pyrenäen-

*(Androsace hedraeantha)*
Dichte Polster, 3 bis 5 cm hoch, dunkelgrüne, nadelartige Blätter; im April/Mai hellrosafarbene Blüten mit gelbem Auge. Benötigt kalkhaltiges Substrat.

### Mannsschild, Himalaya-

*(Androsace sempervivoides)*
Dachwurz-ähnliche Rosetten, 2 bis 5 cm hoch; von März bis Mai rote Doldenblüten mit herrlich gelber Mitte.
Ähnlich *A. watkinsii* 'Sheriffii', jedoch graufilzig bereift, sowie *A. mucronifolia*, nur bis 3 cm hoch, am Boden aufliegend.

### Mauerpfeffer, Weißer

*(Sedum album)*
5 bis 8 cm hohe Horste aus runden, rötlichen Blättern, weiße Blüten von Juni bis September. Achtung, wuchert sehr stark! Außerdem zahlreiche weitere kleinwüchsige Sedum-Arten.

### Meister

*(Asperula suberosa)*
Immergrüne, bis 10 cm hohe Horste mit kleinen, quirlständigen Blättern. Im Mai/Juni zart rosafarbene Blüten. Benötigt kalkhaltiges Substrat und Schutz gegen Winternässe.

*Primel* (Primula auricula)

### Miere, Zwerg-

*(Minuartia sedoides)*
Dichtes, moosartiges Polster, 5 bis 8 cm hoch. Von April bis Juni weiße Blütensterne. Gute Nachbarn sind Aurikel und Kalkkrusten-Steinbreche. Benötigt kalkhaltiges Substrat.

### Nelke

*(Dianthus microlepis, D. erinaceus, D. simulans)*
*D. microlepis* und *D. erinaceus* bilden immergrüne, nur 5 cm hohe Polster aus schmalblättrigen Trieben; *D. erinaceus* wächst stärker in die Breite. Im Juni rosafarbene Blüten. Benötigen kalkhaltiges Substrat.

Die grasartigen, blaugrün bereiften Bätter von *D. simulans* bilden zwergige Polster mit rosa Blüten im Juni/Juli.

### Primel

*(Primula auricula, P. marginata)*
*P. auricula* wird etwa 20 cm hoch; fleischige, immergrüne und häufig weiß bemehlte Blätter. Von April bis Juli gelbe Blütenbüschel.
*P. marginata* wird 15 cm hoch und ist nicht völlig immergrün. Rosa- oder lilafarbene Blütendolden bereits im März/April. Beide Arten bevorzugen Halbschatten und kalkhaltiges Substrat.

## Reiherschnabel

*(Erodium chrysanthum,
E. petraeum, E. reichardii)*
Zierliche, immergrüne Polster
mit gefiedertem Laub,
*E. chrysanthum* in silbrig
grün und 15 cm hoch, mit
schwefelgelben Blütentellern
im Mai/Juni, *E. petraeum*
graugrün und 20 cm hoch
mit großen, weißen Blütentellern. *E. reichardii* bildet
dichte Polster aus löffel-
artigen Blättern; von April
bis Juni aufsitzende hellrosafarbene Blüten mit dunkler
Zeichnung; im ersten Jahr
Winterschutz sinnvoll. Alle
benötigen eher kalkhaltiges
Substrat.

## Ringblume, Atlas-

*(Anacyclus pyrethrum* var.
*depressus)*
Bildet immergrüne, bis 15 cm
hohe Teppiche aus zart gefiedertem Laub. Im Mai/Juni
margeritenartige Blüten.
Benötigt kalkhaltiges Substrat.

## Sandkraut, Berg-

*(Arenaria montana)*
Bildet immergrünen, 5 cm
hohen Rasen aus schmalen,
graugrünen Blättern. Im
Mai/Juni weiße Blüten.
Benötigt kalkhaltiges, nicht
zu trockenes Substrat.

## Schleierkraut

*(Gypsophila cerastioides,
G. repens, G. aretioides)*
Halb immergrüne Teppiche,
5 bis 10 cm hoch; *G. repens*
mit linealischem Laub bleibt
niedriger als *G. cerastioides*
mit eiförmigen Blättern.
Blüte im Mai/Juni, *G. repens*
mit zart rosafarbenen
Rispen, *G. cerastioides* mit
größeren weißen Trichtern.
*G. aretioides* bildet 3 bis 5 cm
hohe, dichte, polsterartige
Horste, darüber weiße
Doldenblüten im Mai/Juni.
Alle benötigen kalkhaltiges
Substrat.

## Schriftfarn

*(Ceterach officinarum)*
Einer der wenigen Farne
für sonnige Standorte mit
etwa 10 cm hohen Wedeln,
die in milden Lagen immergrün sind. Braucht Winterschutz und basisches
Substrat.

## Seifenkraut

*(Saponaria* x *olivana)*
Feste, immergrüne, nur 5 cm
hohe Polster mit schmalen
Blättern; im Juni/Juli weiße
Blütenbecher, später silbrig
behaarte Samenstände.
Benötigt kalkhaltiges
Substrat.

*Schriftfarn* (Ceterach officinarum)

### Silberwurz
*(Dryas octopetala)*
Der Zwergstrauch bildet immergrüne, bis 10 cm hohe Teppiche aus glänzend dunkelgrünem Laub. Im Mai/Juni weiße Blütenbecher, später silbrig behaarte Samenstände. Benötigt kalkhaltiges Substrat.

### Steinbrech, Dickblatt-
*(Saxifraga cotyledon)*
Immergrüne Rosetten aus lanzettlichen, mit Kalk bekrusteten Blättern, bis 30 cm hoch. Darüber hinaus ragen im Juni/Juli weiße Blüten in zarten Rispen.

### Steinbrech, Frühlings-
*(Saxifraga burseriana)*
Bildet 5 cm niedrige, immergrüne Polster aus kleinen Rosetten. Die einzelnen weißen Blütenbecher öffnen sich bereits im März/April.

**Frühlings-Steinbrech (Saxifraga cotyledon)**

**Pyrenäen-Steinbrech (Saxifraga longifolia)**

Benötigt kalkhaltiges Substrat.

### Steinbrech, Pyrenäen-
*(Saxifraga longifolia)*
Treibt aus seinen steifen bodenständigen Rosetten im Juli bis über 50 cm hohe, weiße Blütenrispen. Benötigt kalkhaltiges Substrat.

### Steinkraut
*(Aurinia saxatilis)*
Immergrün, bildet etwa 20 cm hohe Polster. Im April/ Mai gelbe Blüten, danach kräftig zurückschneiden. Benötigt kalkhaltiges Substrat.

### Steinquendel, Alpen-
*(Acinos alpinus)*
Grünes bis rötlichbraunes Laub, bildet lockere Horste, 3 bis 8 cm hoch; blaue bis violette Röhrenblüten von Juni bis September. Benötigt kalkhaltiges Substrat.

### Steintäschel
*(Aethionema grandiflorum, A. oppositifolium)*
*Aethionema grandiflorum* ist ein halb immergrüner, bis 20 cm hoher Halbstrauch mit blaugrünen Blättern, Juni bis August rosafarbene Blüten.

49

*A. oppositifolium* mit graugrünen Blättern, 3 bis 5 cm
hoch; von Juni bis September
rosafarbene Blüten.
Beide benötigen kalkhaltiges Substrat.

### Storchschnabel

*(Geranium cinereum)*
Halb immergrüne Laub-
büschel, bis 15 cm hoch. Von
Juni bis September rosa-
farbene Blüten; besonders
hübsch 'Ballerina' mit

kräftig geäderten Blüten-
tellern. Benötigt kalkhaltiges Substrat.

### Teppichphlox

*(Phlox douglasii)*
Immergrüne, etwa 10 cm
hohe Polster mit schmalen,
dunkelgrünen Blättern.
Blütenteller im Mai/Juni
je nach Sorte gefärbt.
Benötigt kalkhaltiges, nicht
zu nährstoffarmes Subs-
trat.

*Teppichphlox*
*(Phlox douglasii)*

*Teufelskralle* **(Physoplexis comosa)**

### Teufelskralle

*(Physoplexis comosa)*
Die Büschel aus eiförmigen
Blättern bleiben unter 10 cm
hoch. Im Mai/Juni bizarre,
blass violette Blütenköpfchen. Benötigt kalkhaltiges
Substrat. Vor Schnecken
schützen.

### Thymian

*(Thymus* 'Elfin'*)*
5 cm hohe, dichte Polster
aus nadelspitzem Laub,
auch im Winter grün.
Blüht selten.

### Wegerich, Schnee-

*(Plantago nivalis)*
Immergrüne Rosetten aus
silbrig behaarten Blättern,
nur 3 cm hoch. Im Hoch-
sommer unscheinbare
Blüten. Bevorzugt saures
Substrat, Winterschutz
sinnvoll.

# Stauden für schattige Lagen

Wer nur schattige Lagen für einen Trog zur Verfügung hat, muss nicht verzagen: Es gibt auch hierfür eine große Auswahl attraktiver Arten, mit denen sich eine stimmungsvolle Pflanzung gestalten lässt.

## Alpenveilchen, Frühlings-

*(Cyclamen coum)*
6 bis 10 cm hohe Horste aus nierenförmigem Laub; weiße, rosafarbene oder rote Blüten; besonders wertvoll wegen der frühen Blütezeit von Ende Dezember bis weit in den März. Bevorzugt kalkreiche, frische Humusböden, sät sich dort selbst aus. Gut neben Farnen und unter Gehölzen.

**Wald-Dreiblatt** (Trillium grandiflorum)

## Dreiblatt, Wald-

*(Trillium grandiflorum)*
Glänzend grünes Laub, bildet mit der Zeit bis zu 25 cm hohe Horste; die weißen Blüten im Mai sind wie die Blätter dreizählig; bevorzugt frische, humose und leicht saure Substrate. Geeignet zur exponierten Pflanzung vor dunklen Gehölzen.

## Felsenteller

*(Ramonda myconi)*
Rosetten aus ledrigen, eiförmigen, behaarten Blättern, 8 bis 12 cm hoch, wintergrün; blaue bis violette Blüten im Mai/Juni ähneln denen des Usambaraveilchens. Kleinod für humusreiche Kalkböden und engste Steinspalten.

## Fransenglöckchen

*(Soldanella montana)*
Blattrosetten ähnlich Alpenveilchen; darüber blaue, gefranste Blütenglocken auf 10 cm hohen Stielen von Ende März bis Anfang Mai. Benötigt humusreiche, mild feuchte Kalkböden. Wertvolle wintergrüne Sammlerstauden mit vielen Arten, die teilweise schwierig zu kultivieren sind.

## Frauenschuh

siehe Seite 56

## Gänsekresse, Arabische

*(Arabis ferdinandi-coburgi)*
Immergrüne, nieder liegende Teppichpolster mit weißgrünen Blättern und weißen Blüten im April/Mai; wächst gut in engen Fugen und über Ränder; bodenvag.

**Fransenglöckchen**
(Soldanella montana)

51

*Gold-Baldrian* (Patrinia triloba)

Gute Nachbarn sind Orchideen und Kleinfarne.

## Gold-Baldrian

*(Patrinia triloba)*
Horste aus bis 15 cm langen Trieben mit glänzend dunkelgrünen, hopfenartigen Blättern; die braunen Sprosse bilden dazu einen schönen Kontrast; kleine gelbe Blütendolden von Juni bis August. Benötigt humusreiche Kalkböden, verträgt Trockenheit.

## Herzblattschale

*(Jeffersonia diphylla)*
20 cm hoch, weiße Schalenblüten, die Anfang Mai mit dem Laubaustrieb erscheinen; das zweigeteilte Blatt ist äußerst dekorativ. Benötigt leicht saure, frisch humose Substrate. Gut als Gehölz-Unterpflanzung.

*Leberblümchen*
(Hepatica nobilis)

## Knabenkraut

siehe Seite 57

## Leberblümchen

*(Hepatica nobilis)*
Wintergrün; blaue, auch rosafarbene und weiße Anemonenblüten erscheinen mit dreigelappten, glänzend grünen Blättern im März/April; gefüllte Blüten sind selten und begehrte Sammlerobjekte. Benötigt humusreiche Kalkböden.
Ebenso dekorativ und beliebt: das Nordamerikanische (*H. acutiloba*, größere, weiße bis lichtblaue Blüten) und das Siebenbürger Leberblümchen (*H. transsylvatica*, wintergrün, größere, frühere Blüten); wertvolle Sammlerstauden.

## Mazie

*(Mazus pumilio)*
Hellgrüne, 3 bis 5 cm hohe Polster, wintergrün; blauviolette Blüten von Juni bis in den Herbst; sehr dekorativ. Siedelt in engsten Steinspalten, benötigt saures, humusreiches Substrat. Im ersten Winter gut mit Reisig abdecken.

## Moschuskraut

*(Adoxa moschatellina)*
Dichte grüne Blattteppiche bis 5 cm hoch; unscheinbare, grünlichgelbe Blüten Ende April bis Ende Mai, zieht kurz

*Mazie* **(Mazus pumilio)**

danach wieder ein; boden-vag, liebt Feuchtigkeit im Frühjahr. Hübsch zum Über-pflanzen von Alpenveilchen oder unter Gehölzen.

### Muschelblümchen

*(Isopyrum thalictroides)*
Sehr dekorativ, bis 20 cm hoch, kleine weiße Blüten-ähren erscheinen ab April/Mai, gemeinsam mit dem fiedrigen Laub; dies zieht bereits im Juni wieder ein. Benötigt frische, kalkfreie Humusböden. Gute Nach-barn sind Fransenglöckchen und Alpenveilchen.

### Schafdolde

*(Haquetia epipactis)*
Bildet 20 cm hohe Horste; dekorative gelbe Dolden-blüten erscheinen im April mit dem Laubaustrieb; bevorzugt basische, humose, mild feuchte Substrate,

verträgt Wurzeldruck. Gute Nachbarn sind Steinbrech und Leberblümchen.

### Schattenblümchen, Zweiblättriges

*(Maianthemum bifolium)*
Zwei Blätter auf 5 bis 8 cm hohen Stängeln und im Mai kleine, weiße Maiglöck-chen-Blüten; wirkt sehr zer-brechlich. Selten im August orange-rote Beeren. Benötigt frische, basenreiche Humus-böden, verträgt Wurzel-druck. Gute Nachbarn sind Alpenveilchen, Orchideen und Kleinfarne.

### Schatten-Schmuck-blume

*(Callianthemum anemonoides)*
Bildet 15 cm hohe Horste; weißrosafarbene Blüten im Mai kurz nach dem Laubaus-trieb; erinnert an Petersilie.

Benötigt kalk- und humus-reiche Substrate. Sollte wegen der dekorativen Blüten exponiert gepflanzt werden, am wirkungsvoll-sten in Gruppen; gute Nach-barn sind Orchideen und Kleinfarne.

### Scheinanemone

*(Anemonella thalictroides)*
20 cm hoch; weiße oder rosa Blüten im April/Mai mit Laubaustrieb; Blätter ähnlich der Wiesenraute; feuchte Humusböden mit leicht saurem pH-Wert.
Am besten in Dreier- oder Fünfergruppen pflanzen; gute Nachbarn sind Leber-blümchen und Schatten-Steinbreche.

*Schafdolde*
**(Haquetia epipactis)**

*Japanischer Schlangenbart*
*(Ophiopogon japonicus*
*'Minimus')*

## Schlangenbart

*(Liriope muscari)*
Grasartiges Laub bildet
20 cm hohe Horste; blaue,
weiße oder violette Blütenrispen von Juli bis August.
Benötigt saure, frische Humusböden und im ersten
Standjahr einen Winter-
schutz.

## Schlangenbart, Japanischer

*(Ophiopogon japonicus*
'Minimus')
Grasartiges, dunkelgrünes
Laub in 8 bis 10 cm hohen
Horsten, wintergrün, un-
scheinbare Blütchentrauben
von Juli bis August; nach
warmen Sommern dekora-
tive schwarze Beeren.
Benötigt saures, mild
feuchtes Substrat. Im ersten
Jahr guter Winterschutz
erforderlich. Schwarzblätt-
rige und grünweiß pana-
schierte Sorten sind noch
weniger winterhart.

## Steinbrech, Moos-

*(Saxifraga hypnoides)*
Moosartige, 3 bis 5 cm hohe
Polster, wintergrün, färben
sich im Frost rot, mit kleinen
weißen Blütensternen im
April/Mai; bodenvag, gut
für Ansiedlung auf Tuff-
steinen geeignet; am besten
zum Unterpflanzen von
Gehölzen neben Farnen
und Orchideen.

*Walddickblatt*
**(Chiastophyllum oppositifolium)**

## Steinbrech, Schatten-

*(Saxifraga umbrosa)*
Keilförmige, dickliche Blätter
in Rosetten bilden 5 bis 8 cm
hohe Matten; je nach Sorte
an den Blatträndern mehr
oder weniger Kalk-bekrustet;
weißrosafarbene Blüten
auf Stängeln im Mai/Juni.
Bodenvag, bevorzugt
Humusböden mit hohem
Kalkanteil.

## Stendelwurz

siehe Seite 57

## Walddickblatt

*(Chiastophyllum*
*oppositifolium)*
Bildet wintergrüne, 15 bis
20 cm hohe Horste; sukku-
lente, dunkelgrüne Blätter,
dekorative gelbe Blüten-
rispen im Juni/Juli; bodenvag.
Wegen der nickenden
Blüten hübsch am Rand
überhängend.

## Waldmeister

*(Galium odoratum)*
Kräftig, bis 20 cm hohe,
teppichbildende Triebe;
weiße Blütchen im April/
Mai; in flachen Substraten
deutlich schwachwüchsiger
als am Naturstandort;
bodenvag, bevorzugt hu-
musreiche, mild feuchte
Substrate.
Gute Nachbarn sind Veilchen
und Sinngrün.

## Weitere geeignete Schattenpflanzen

(geordnet nach botanischen Namen)

Natürlich gibt es neben den vorgestellten Arten noch zahlreiche weitere, die den Rahmen dieses Buches sprengen würden. Eine besondere Rolle spielen dabei außer den auf diesen genannten Blütenpflanzen die Farne auf der nächsten Seite.

| Deutscher Name | Botanischer Name | Bemerkung |
|---|---|---|
| Mannsschild | Androsace sarmentosa<br>Androsace strigillosa | Mai/Juni rosa Blüte<br>weiß-rot blühend |
| Sandkraut | Arenaria balearica | moosartig, weiße Blüten von April bis August; eher feucht |
| Prophetenblume | Arnebia pulchra | Im Frühling gelbe Blüten mit schwarzen Flecken |
| Pantoffelblume | Calceolaria biflora, C. polyrrhiza | gelbe Blüten im Sommer, Winterschutz erforderlich |
| Glockenblume | Campanula raineri, C. zoysii | winzige Arten, anspruchsvoll |
| Tigerglocke | Codonopsis clematidea | zart blaue Blüten, Schlinger |
| Zimbelkraut | Cymbalaria aequitriloba | blaue Blütchen, gut in Spalten; breitet sich aus |
| Haberlee | Haberlea rhodopensis, H. ferdinandi-coburgi | blaue Trichterblüten, kalkhaltiges Substrat |
| Porzellansternchen | Houstonia caerulea | weiße oder rosa Blütensterne, kalkhaltiges Substrat, etwas feucht |
| Steinsame | Lithospermum purpureocaeruleum | 30 cm hoch, Ausläufer treibend, im Frühsommer, blaue Blüten |
| Nierembergie | Nierembergia repens | 10 cm hohe Teppiche, im Sommer weiße Blüten |
| Blauklee | Parochetus communis | Juli bis Oktober lilablaue Schmetterlingsblüten |
| Pratie | Pratia pedunculata | flach, immergrün, im Sommer blassblaue Blüten |
| Primeln | Primula capitata, P. farinosa, P. luteola, P. hirsuta, P. frondosa | bekannte und beliebte Gattung in verschiedenen Höhen und Farben |
| Blutwurz, Kanadische | Sanguinaria canadensis | ca. 20 cm hoch, im Frühjahr weiße Blüten |
| Zwergraute, Japanische | Thalictrum kiusianum | im Sommer blass rosa Blüten |
| Liliensimse | Tofieldia calyculata | grasartiges Laub, 15 cm hoch, gelbe Blütenrispen |
| Bergveilchen, Gelbes | Viola biflora | 10 cm, im Frühsommer zitronengelbe Blüten |

### Farne

| Deutscher Name | Botanischer Name | Höhe | Bodenanspruch |
|---|---|---|---|
| Streifenfarn | *Asplenium* | | |
| Schwarzer | *A. adiantum-nigrum* | 15 cm | sauer |
| Braunstieliger | *A. trichomanes* | 12 cm | basisch |
| Nordischer Gabel- | *A. septentrionale* | 8 cm | sauer |
| Grüner | *A. viride* | 10 cm | basisch |
| Mauerraute | *Asplenium ruta-muraria* | 6 bis 10 cm | basisch |
| Rippenfarn, Kriechender | *Blechnum penna-marina* | 6 cm | sauer |
| Rollfarn, Krauser | *Cryptogramma crispa* | 10 cm | sauer |
| Hirschzungenfarn | *Phyllitis* syn. *Asplenium scolopendrium* | 40 cm | basisch |
| Blasenfarn | *Woodsia ilvensis* | 15 cm | neutral |

## Orchideen im schattigen Steintrog

Im lichten Schatten alpiner Steinanlagen finden auch wertvolle, winterharte Erdorchideen einen ansprechenden Lebensraum. Vertreter der Gattungen Frauenschuh, Knabenkraut und Stendelwurz lassen sich in ungedüngten Humusschichten zwischen Steingruppen ansiedeln. Voraussetzung für die erfolgreiche Kultur ist ein gut vorbereitetes Substrat aus Bimskies, entkalktem Lehm und Laubkompost, das im günstigsten Fall mit Wirtspilzen beimpft ist.
Zur Ansiedlung geeignete winterharte Orchideen:

**Frauenschuh:**
- Gelber *(Cypripedium calceolus)*
- Herztragender *(C. cordigerum)*
- Formosanischer *(C. formosanum)*
- Japanischer *(C. japonicum)*
- Kleinblumiger *(C. parviflorum)*
- Behaarter *(C. parviflorum* var. *pubescens)*
- Königinnen-F. *(C. reginae)*

*Gelber Frauenschuh* **(Cypripedium calceolus)**

**Knabenkraut:**
- Fleischfarbenes *(Dactylorhiza incarnata)*
- Geflecktes *(D. maculata)*
- Breitblättriges *(D. majalis)*
- Übersehenes *(D. praeter-missa)*

**Sumpfstendelwurz:**
- Waldstendelwurz *(Epipactis helleborine)*
- Stendelwurz-Hybride *(E. gigantea x palustris 'Sabine')*
- Sumpfstendelwurz *(E. palustris)*
- Amerikanische Sumpf-stendelwurz *(E. gigantea)*

**Sonstige:**
- Stattliches Knabenkraut *(Orchis mascula),* Zweiblättriges Eiblatt *(Listera ovata).*

Als Begleiter eignen sich Kleinfarne, Fransenglöck-chen *(Soldanella),* Steinbrech und Leberblümchen sehr gut.
Sämtliche genannten Orchideen stehen unter strengem Naturschutz. Einige Fachbetriebe beschäftigen sich mit der Kultur und Vermehrung dieser seltenen Arten und bieten auch Pflanzen aus gärtnerischen Nachzuchten zum Kauf an. Aufgrund der langen Kulturdauer ist das meist nicht ganz billig.

**Hauswurz** *(Sempervivum)*

# Pflanzengruppen zum Sammeln

Tröge und andere Gefäße eignen sich auch dafür, bestimmte Gattungen zu sammeln. Auf Kalksteinen sind Hauswurz *(Sempervivum* in Arten und Sorten), Glockenblumen *(Campanula* in Arten), Hungerblümchen *(Draba)* oder Steinbrech *(Saxifraga* in Arten und Sorten) bei Sammlern besonders beliebt. Auf der Basis langjähriger Kultur-erfahrungen wollen wir für die Bepflanzung von Kalk-steinen nachfolgende Gattungen und Arten besonders empfehlen:

**Hauswurz** *(Sempervivum)* mit etwa 500 Arten. Besonders die kleinen und schwachwüchsigen Arten sind beliebte Sammelobjekte im Troggarten.

**Steinbrech** *(Saxifraga)* mit etwa 370 Arten; diese gehören zu den wichtigsten Trogbesiedlern. Besonders hervorzuheben sind viele Arten und Sorten der Sektion Silberrosettenstein-breche, Krustige Steinbreche *(Evaizoonia),* der Sektion Kabschia- und Enyleria-Saxifragen, der Verfrühungs-Steinbreche *(Porophyllum)* und der Sektion Moos-Stein-breche *(Dactyloides).*

*Niedrige Bart-Iris*

**Mauerpfeffer** *(Sedum)* mit etwa 500 Arten. Besonders die kleinen und schwachwüchsigen Arten sind beliebte Sammelobjekte im Troggarten.

**Schwertlilien** *(Iris)*, vor allem niedrige Bart-Iris und Miniatur-Züchtungen, deren Blüten ein attraktiver Blickfang sind.

**Glockenblumen** *(Campanula)* mit etwa 300 Arten; mediterrane und Südalpen-Arten gehören zu den wichtigsten Trogbewohnern.

**Funkien** *(Hosta)* Kleine Arten und Sorten dieser Blattpflanze, die seit einigen Jahren zu den Gartenlieblingen gehört. In zahllosen Zeichnungen und Färbungen. Weitere artenreiche Gattungen zum Sammeln: Igelpolster *(Acantholimon)*, Mannsschild *(Androsace)*, Sandkraut *(Arenaria)*, Meister *(Asperula)*, Tragant *(Astragalus)*, Nelke *(Dianthus)*, Dionysie *(Dionysia)*, Hungerblümchen *(Draba)*, Enzian *(Gentiana)*, Lotwurz *(Ohosma)*, Bartfaden *(Pentemon)*, Schlüsselblume *(Primula)* und Ehrenpreis *(Veronica)*.

## Pflanzen für einen Mini-Heidegarten

Die Gestaltung einer Mini-Heidelandschaft ist eine reizvolle Aufgabe. Als Standort eignen sich sonnige bis licht schattige Lagen.
Bei der Bepflanzung ist auf eine gute Dränage zu achten. Die untere Hälfte des Gefäßes wird mit grobem Material gefüllt. Aufgrund des geringen Gewichts verwendet man gerne Styromull. Für die Wurzeln ist ein saures Substrat erforderlich, das sich durch Beimischung von Rindenkompost oder auch Torf erzielen lässt.

Reiner Torf eignet sich nicht als Substrat, da er nur sehr schwer wieder Wasser speichert, wenn er während einer Hitzeperiode einmal völlig austrocknet. Zusätze von Sand oder Waldhumus können solche Eigenschaften ausgleichen.
Heidepflanzungen in Gefäßen sollten im Winter vor direkter Besonnung geschützt werden, zum Beispiel durch Überdecken mit Fichtenreisig. Außerdem ist darauf zu achten, dass der Wurzelbereich nicht vernässt und es zu Fäulnis kommt.

## Heidekräuter

Das Sortiment an Heidearten ist unübersehbar groß. Für unsere Zwecke sind Schneeheide *(Erica carnea)* und Besenheide *(Calluna vulgaris)* am wichtigsten. Besonders beliebt sind Zwergsorten der Besenheide. Einige von ihnen blühen jedoch nur schwach.
Wie bei der Besenheide gibt es auch von der Schneeheide kleinwüchsige Sorten; leider sind nicht alle völlig winterhart. Sie lassen sich besonders kompakt halten, wenn man sie sachgemäß zurückschneidet. Bei der Schneeheide erfolgt der Schnitt nach der Blüte im April, bei

der Besenheide dagegen im Herbst oder im zeitigen Frühjahr.

## Niedrige Pflanzenarten für den Heide-Trog

Die Schmuckwirkung vieler Heidegewächse geht von der Wuchsform und den immergrünen Blättern aus. Zwergige Typen sind verhältnismäßig selten zu finden und müssen gezielt erfragt werden.
Mit ihren grazilen Halmen bringen Gräser ein unverzichtbares Element in die Heidepflanzung. Geeignet sind zum Beispiel *Festuca valesiaca* 'Glaucantha' oder *Carex montana*.

### Ährenheide
*(Bruckenthalia spiculifolia)*
Zwergstrauch, im Juli/August hellrosafarbene Blüten.

### Bärentraube
*(Arctostaphylos)*
*A. uva-ursi:* immergrün, kriechend; im April /Mai rosaweiße Blüte, im Herbst rote Beeren. Außerdem: *A. alpinus, A. myrtifolia*.

### Krähenbeere
*(Empetrum nigrum)*
8 bis 10 cm hoch, robustes bodendeckendes Gehölz; unscheinbare Blüten, schwarze Beeren.

### Lavendelheide
*(Andromeda)*
*A. glaucophylla:* immergrüner, teppichbildender Strauch; im Mai/Juni hellrosafarbene Blüten.
*A. polifolia:* immergrün; im Mai/Juli rosaweiße Blüten.

### Lavendelheide, Japanische *(Pieris)*
*P. japonica* 'Variegata' oder 'Pygmaea': Zwergformen, schwach blühend.
*P. nana:* Zwergstrauch, weiße duftende Blüten im April/Mai.

### Lorbeerrose
*(Kalmia)*
*K. latifolia* 'Myrtifolia': kompakter Kleinstrauch.

*K. polifolia:* 50 cm hoch; im Mai/Juni purpurrosafarbenen Blüten; Zwergsorte 'Microphylla'.
Beide brauchen etwas Winterschutz.

### Nelken, Zwerg-
*(Dianthus)*
*D. pavonius:* im Juni/Juli lachsrote Blüten.
*D. microlepis:* dunkelgrüne Polster, Mai/Juni rosafarbene Blüten.

### Preiselbeere
*(Vaccinium vitis-idaea)*
Heimische Waldbeere; für den Trog geeignet sind die Zwergsorte 'Compacta' oder die flachwachsende Miniaturform 'Minus'.

*Lorbeerrose* (Kalmia)

## Sandkraut, Kreuz-

*(Arenaria tetraquetra)*
Flache Polster, im Juni weiße Blüten, leicht feuchtes Substrat.

## Schafteppich

*(Raoulia australis,*
*R. hookeri)*
Flache, immergrüne Polster, die kaum blühen.

## Scheinbeere

*(Gaultheria)*
*G. procumbens*: von März bis Mai hellrosafarbene Blüten, rote Beeren bis in den Winter; breitet sich aus.
*G. pumila*: 15 cm hoch; weiße Beeren.

*Scheinbeere* (Gaultheria)

*G. mucronata* 'Dwarf Form':
40 cm hoch, immergrüner Strauch, zweihäusig; unscheinbare Blüten, rosa- farbene Früchte – nur wenn beide Geschlechter ange- pflanzt sind!
Außerdem: *G. depressa,*
*G. miqueliana.*

## Größere Gehölze

Zur Gruppe der Erikage- wächse gehören die Rhodo- dendren; auch davon gibt es für die Heidepflanzung geeignete kleine Wuchsfor- men, wie *Rhododendron impeditum* oder einige Hybriden.
Als kleine aufrechtwachsen- de Bäumchen eignen sich zum Beispiel die Stechpalme *Ilex crenata* 'Mariesii' oder der Zwerg-Säulenwacholder *Juniperus communis* 'Com- pressa'. Recht hübsch sieht es aus, wenn eine Felsenmis- pel (z.B. *Cotoneaster adpres- sus* 'Nana') den Rand über- wallt.

## Zwerggehölze

Bei den Zwerggehölzen eig- nen sich auf Kalkgesteinen am besten Zwergformen von Nadelgehölzen wie Kiefer *(Pinus)*, Fichte *(Picea)* oder Wacholder *(Juniperus)*. Aber auch bei den Laub- gehölzen finden wir einige

*Verschiedene Zwerggehölze*

Formen, die für eine dauer- hafte Trogbepflanzung infra- ge kommen. Baumschulen geben weitere Auskunft und helfen bei der Zusammen- stellung von geeigneten Arten. Einige der genannten Arten und Sorten sind schwierig zu beziehen. Hierfür sei auf die Spezial- gärtnereien hingewiesen, die unter den Bezugsquellen (Seite 63) genannt sind.

## Laubgehölze

### Ahorn, Fächer-

*(Acer palmatum* 'Dissectum Nigrum')
Der zwergige, dunkel belaub- te Ahorn-Busch mit dekora- tiv geschlitzten Blättern wird etwa 1 m hoch. Bevorzugt saures Substrat, verträgt auch Halbschatten.

## Birke, Zwerg-

*(Betula nana)*
Bräunliche Zweige mit zierlichen Blättern, etwa 50 cm hoch. Braucht saures, nicht zu trockenes Substrat. Ideal für Heidegärten neben einem Findling.

## Duftschneeball, Zwerg-

*(Viburnum farreri* 'Nana')
Winterblühender Schneeball, bis 60 cm hoch; stark duftende, weiße bis rosafarbene Blüten.

## Seidelbast, Rosmarin-

*(Daphne cneorum* 'Pygmaea')
Immergrün, reiche karminrosafarbene Blüten im Mai. Kalkhaltiges Substrat bevorzugt.
Vorsicht: giftig!

## Spierstrauch, Weißer Polster-

*(Spiraea decumbens)*
Die 25 cm hohen, aufrechten Triebe verbreiten sich durch unterirdische Ausläufer. Im Juni große weiße Blütendolden; kalkliebend, auch für Schatten. Ein kräftiger Rückschnitt im Frühjahr regt Trieb- und Blütenbildung an.

## Ulme, Zwerg-

*(Ulmus davidianus* var. *pygmaeus)*
Bis 50 cm hohes Bäumchen mit pfennigkleinen Blättern

*Rosmarin-Seidelbast* (Daphne cneorum)

und goldgelber Herbstfärbung. Wirkt wie ein Freilandbonsai. Schwer erhältlich.

## Zelkovie

*(Zelkova serrata* var. *pygmaea)*
Ähnlich wie Zwerg-Ulme, hat aber länglichere Blätter und kupferrote Herbstfärbung. Bis 70 cm hoch, schwer erhältlich.

## Zwergmispel, Niederliegende

*(Cotoneaster adpressus* 'Little Gem')
Die fächerartig dem Boden aufliegenden Zweige treiben früh aus. Auch für Halb-

schatten; im Herbst rote Früchte.

## Nadelgehölze

## Balsamtanne, Zwerg-

*(Abies balsamea* 'Nana')
Bildet 50 cm hohe, kugelige Bäumchen, die dicht mit dunkelgrünen Nadeln besetzt sind.

## Fichte, Serbische

*(Picea omorika* 'Minima')
Nach 10 Jahren höchstens 70 cm hoch, dunkelgrüne Nadeln, sehr dekorativ. Wohl kleinste Fichte; es gibt aber noch zahlreiche andere zwergförmige Sorten; schwer erhältlich.

*Zwergform der Serbischen Fichte* (Picea omorika *'Minima'*)

## Gämsheide

*(Loiseleuria procumbens)*
Zwerggehölz für raue Böden und windige Lagen, das im Trog nur selten blüht. Wirkt aber dekorativ, indem sich die Zweige eng an den Stein schmiegen; schwer erhältlich.

## Kiefer, Blaue Mädchen-

*(Pinus parviflora* 'Glauca')
Von Jugend an bizarre Wuchsform mit blaugrünen Nadeln und Zapfen, aufrecht wachsend; die ersten 10 Jahre kaum über 1 m hoch, im Alter über 5 m. Nur für größere Tröge.

## Kiefer, Krummholz-

*(Pinus mugo* 'Brevifolia')
Kugelrunde, zwergförmige Mutation aus England, im Alter bis 60 cm hoch; schwer erhältlich.

## Kiefer, Zwerg-Wald-

*(Pinus sylvestris* 'Compressa')
In der Jugend säulenförmig, nach 6 bis 8 Jahren eher in rundliche Form übergehend. Beliebt bei Bonsai-Freunden, schwer erhältlich.

## Libanonzeder

*(Cedrus libani* 'Pygmy')
Lange, dunkelgrüne Nadeln, dekorative bläuliche Herbst- und Winterfärbung. Bis etwa 1 m hoch. Für warme Standorte, schwer erhältlich.

## Fadenzypresse, Zwerg-

*(Chamaecyparis pisifera* 'Pygmaea')
Gelblichgrünes, fadenartiges Laub, im Winterhalbjahr besonders leuchtend. Überhängend wie Trauerform, auch nach 20 Jahren nicht höher als 40 cm; schwer erhältlich.

## Wacholder, Kriech-

*(Juniperus horizontalis* 'Glauca')
Triebe mit stahlblauen, nadelförmigen Nadeln, wachsen mattenförmig und werden bis 30 cm hoch.

## Wacholder, Himalaya-

*(Juniperus squamata* 'Blue Star')
Kompakte, breite, dicht verzweigte Büsche, bis 50 cm hoch, mit silbrig blauen, spitzigen Nadeln.

*Kriech-Wacholder* (Juniperus horizontalis *'Glauca'*)

# Anhang

## Bezugsquellen

### Pflanzen

Jedes gut sortierte Garten-center bietet meist eine kleine Auswahl an geeigneten Gattungen und Arten an. Ein großes Sortiment an Zwergstauden führen folgende Gärtnereien:

### Botanischer Alpengarten

F. Sündermann
Aeschacher Ufer 48
88131 Lindau/B.
Tel. 0 83 82 / 54 02
(Katalogversand gegen 5 DM in Briefmarken)

### Ihr Gartenbau

M. Härtl
Eckhardsborn 2
34134 Kassel
Tel. 05 61 / 4 19 99
(Preisinformationen gegen 6 DM in Briefmarken)
u. a. winterharte Erdorchideen, Laub- und Nadelgehölze

### Staudengärtnerei

Jürgen Peters
Auf dem Flidd 20
25436 Uetersen
Tel. 0 41 22 / 33 12
(Versandkatalog 10 DM in Briefmarken)

### Staudengärtnerei

Siegmar Poltermann
Weimarische Str. 27 f
99099 Erfurt
Tel. 03 61 / 4 21 4 9 18
(Preisliste gegen 6 DM in Briefmarken)

### Farngärtnerei

Dirk Wiederstein
Hofhaide 12
56237 Sessenbach
Tel. 0 26 01 / 95 02 68

(Preisinfos gegen 10 DM in Briefmarken)

### Gärtnerei Erich Maier

Hansell 155
48341 Altenberge
Tel. 0 25 05 / 15 33
Winterharte Erdorchideen, Moorbeetpflanzen

### Baumschule Böhlje

Oldenburger Str. 9
26655 Westerstede
Tel. 0 44 88 / 99 86-0
v. a. Laub- und Nadelgehölze

### Die Gartenkunst

Am Frießelbach 3
34305 Niedenstein
Tel. 0 56 24 / 92 60 45
Tröge, Schalen und Steine, bepflanzt und unbepflanzt

Anbieter spezieller Pflanzenarten und -sorten finden Sie im Buch:
Erhard: Pflanzen-Einkaufsführer, Verlag Eugen Ulmer, Stuttgart

### Steinmaterial
**Deutscher Naturwerkstein-Verband e.V.**

Sanderstraße 4
8700 Würzburg
Tel. 09 31 / 1 20 61,
Fax 09 31 / 1 45 49

### Wirtschaftsverband Naturstein

Industrie e. V. Nordrhein-Westfalen
Niedersachsen-Rheinland-Pfalz
Buschstraße 22
5300 Bonn 2
Tel. 0 22 21 / 21 33 44

### Industrieverband Steine und Erden

Baden Württemberg e.V.
Gammerdinger Straße 4
7000 Stuttgart 40
Tel. 07 11 / 71 60 3-0

Die Anschriften von Naturstein-händlern in räumlicher Nähe

findet man im Branchen-Fernsprechbuch.
Alte Tränken und Futtertröge werden häufig auf Antikmärkten angeboten.

## Ergänzende Literatur

Bärtels, A.: Zwerggehölze. Verlag Eugen Ulmer, Stuttgart 1983

Foerster, K.: Der Steingarten der sieben Jahreszeiten. Verlag J. Neumann-Neudamm, Melsungen 1981

Härtl, K.-H.: Naturnahe Steingärten. Naturbuch Verlag, Augsburg 1992

Köhlein, F.: Kleine Pflanzen für kleine Gärten. Verlag Eugen Ulmer, Stuttgart 1989

Köhlein, F.: Enziane und Glockenblumen, Verlag Eugen Ulmer, Stuttgart 1986

Köhlein, F.: Freilandsukkulenten, Verlag Eugen Ulmer, Stuttgart 1984

Köhlein, F.: Saxifragen, Verlag Eugen Ulmer, Stuttgart 1995

The Royal Horticultural Society: Steingartenpflanzen. Dumont Verlag, Köln 1998

## Möglichkeiten zur Fort- und Weiterbildung

Interessierte Gärtner können ihr Wissen in regelmäßigen Kursen vertiefen, die jedes Jahr in der Bildungsstätte des Deutschen Gartenbaus in Grünberg angeboten werden:

### Bildungsstätte des deutschen Gartenbaues

Gießener Str. 47
35305 Grünberg

# Register

# Impressum

Es ist nicht gestattet, Abbildungen dieses Buches zu scannen, in PCs oder auf CDs zu speichern oder in PCs/Computern zu verändern oder einzeln oder zusammen mit anderen Bildvorlagen zu manipulieren, es sei denn mit schriftlicher Genehmigung des Verlages.

Die Deutsche Bibliothek - CIP-Einheitsaufnahme

Ein Titeldatensatz für diese Publikation ist bei der Deutschen Bibliothek erhältlich.

Dieses Buch folgt den Regeln der neuen deutschen Rechtschreibung

Augustus Verlag München 2001
© Weltbild Ratgeber Verlage GmbH & Co. KG
Alle Rechte vorbehalten

Umschlaggestaltung: Vera Faßbender, Augustus Verlag
Umschlagfoto(s): Reinhard (vorne groß), Redeleit (vorne klein, hinten)
Illustration: Anna Aisenstadt, Augsburg
Bildnachweis: Reinhard Bildarchiv: Seite 7, 8, 9, 22, 25, 26, 42, 46, 47, 48, 50, 51, 52, 53, 60; W. Redeleit: Seite 8, 57; R. Sulzberger: Seite 4, 5, 6, 10, 24, 45, 46, 49, 50, 54, 58, 59; K.-H. Härtl: Seite 11, 14, 15, 16, 17, 19, 20, 21, 23, 26, 27, 28, 43, 49, 56, 60, 61, 62; H. E. Laux: Seite 44, 51, 52, 54; P. Himmelhuber: Seite 12;
Gesamtproduktion: Buch & Konzept, München
Satz: Gesetzt aus der The Mix 9/12 Punkt von Caroline Saupe, München
Reproduktion: Litho Art, München
Druck und Bindung: Offizin Andersen Nexö, Leipzig
Gedruckt auf chlorfrei gebleichtem Papier
Printed in Germany

ISBN 3-8043-7192-2